Andreas Fecker

101 Dinge die man über Flughäfen wissen muss

Inhalt

Der O'Hare Airport in Chicago gilt als einer der größten Mega Airports der Welt. Mit vier Terminals und acht Pisten ist er alles andere als übersichtlich.

Raucherlounge am Flughafen in Dresden Klotzsche. In diesem geschmackvollen Ambiente wird beides vereint: Man fühlt sich im Freien, muss aber den Flughafen nicht verlassen. Die Fototapete zeigt den Hangar 25 des Bob-Hope-Airport von Burbank bei Los Angeles.

AeroSur

Vorwort

Wenn ich in meiner Zeit als Fluglotse einer Besuchergruppe unseren Job erklären musste, verwendete ich ein Beispiel, das jedem geläufig war: Wichtige Städte sind durch Schienen miteinander verbunden, die meist zweigleisig und ebenerdig über Land verlaufen. Vor den großen Bahnhöfen verzweigen sie sich über Weichen zu Gleisharfen, damit die Züge unterschiedliche Bahnsteige anfahren können.

Im Luftverkehr sind ebenfalls wichtige Städte miteinander verbunden. Sie laufen aus allen Himmelsrichtungen auf den Flughafen zu, wo sie sich allerdings nicht verzweigen, sondern auf einen Punkt vereinen, den Aufsetzpunkt auf der Landebahn. Es gibt noch einen Unterschied: Alles verläuft dreidimensional. Und drei- bis fünfmal so schnell. Damit das reibungslos funktioniert, ist die vierte Dimension ein wichtiger Faktor: die Zeit. Und wenn ein Zug ein Problem hat, kann er notfalls auf offener Strecke anhalten und um Unterstützung rufen. Auch das geht in der Fliegerei nicht.

Um Passagiere, Flugzeuge, Betankung, Gepäck, den Anschluss an das Straßensystem, den öffentlichen Nah- und Fernverkehr, Übernachtung und Verpflegung, Ein- und Ausreise von Millionen Menschen im Jahr sicherzustellen, um deren Gesundheit und Sicherheit zu gewährleisten, braucht es planerische Weitsicht und eine perfekte Organisation. Vieles davon läuft für den Reisenden unsichtbar im Hintergrund. Um dies mehr ins Licht zu rücken, gibt es dieses Buch.

Andreas Fecker

Die Piste des Aeropuerto Juana Azurduy de Padilla in Sucre ist eine Herausforderung für Mensch und Maschine, besonders an heißen Tagen. Auf 2900 Metern Höhe gelegen, 2835 Meter lang, 30 Meter breit, keine Befeuerung, keine Landehilfen. Nach dem Aufsetzen des Fahrwerks bringen manche Piloten ihre Maschinen trotz Umkehrschub erst mit rot glühenden Bremsen auf der abschüssigen Bahn zum Stehen. Dahinter geht's abwärts in einen Graben. Beim Start wiederum liegen oft nur 50 Meter zwischen dem Rumpf und dem hügeligen Terrain jenseits der Piste. Im Pilotenjargon spricht man da vom »Schließmuskelfaktor 10«.

Nautische Traditionen

1 Knoten, Meilen und andere Seefahrerbegriffe

Immer wieder stößt man in der Fliegerei auf nautische Begriffe: Back- und steuerbord, Werft, Ballast, Beplankung, Bordküche, Bug, Deck, Fuß, Heck, Kabine, Kapitän, Knoten, Kompass, Luke, nautische Meilen, Offiziere, Ruder, Schott, Steward, Trimmung sind Begriffe, die sogar in der deutschen Übersetzung noch einen Bezug zur Seefahrt haben. Allein das Wort Navigation kommt vom lateinischen Wort *navis* für Schiff. Treibstoff wird noch immer gebunkert, die Besatzungen tragen Ärmelstreifen wie in der Seefahrt. Sogar die Orte, an denen man startet und landet, heißen Flug-HÄFEN! Das Flugzeug verlässt man über eine Brücke oder eine Gangway. Ja, in der englischen Sprache ist das noch viel signifikanter: *abeam, aft, beacon, bearing, bulkhead, crew, cruise, drift, galley, hull, keel, log, purser, roll, pitch and yaw, wake.* Wie kommt das?

Offenbar liegt es an den Ursprüngen der Fliegerei. Luft-SCHIFFE wurden zunehmend zu einem wichtigen Transportmittel. Die Navigation folgte nicht mehr Straßen, sondern Längen- und Breitengraden. Nachts wurde mithilfe der Sterne navigiert. Der Sextant spielte auch im Flugverkehr eine wichtige Rolle. Als sich parallel dazu die Motorfliegerei entwickelte, wurden alle diese Standards auch in den Pilotenkanzeln übernommen. Leuchttürmen gleich wurden nachts für den Luftpostverkehr in bestimmten Abständen Navigations- oder Leuchtfeuer entzündet. Heute heißen sie Funkfeuer.

Leuchtfeuer aus dem Jahr 1939. Drei dieser Hochleistungsstrahler wiesen einst den Piloten den Flugweg zum Leipziger Flughafen. Die Scheinwerfer waren hydraulisch in der Erde versenkbar. Als dieses Exemplar fünfzig Jahre später geortet und ausgegraben wurde, funktionierte die Hydraulik noch immer!

Gelände

2

Die Suche nach einem geeigneten Ort

Der Franz-Josef-Strauß-Flughafen weit vor den Toren der Stadt München ist ein Beispiel, wie man mit viel Aufwand der Natur einen Flughafen abgerungen hat, ohne sie zu schädigen.

Lange bevor die erste Planung eines neuen Flughafens erfolgen kann, beginnt die Suche nach einem geeigneten Gelände. Gehen wir davon aus, dass festgestellt wurde, ob überhaupt ein Bedarf vorhanden ist. Welches Passagieraufkommen kann erwartet werden? Wie groß ist das Einzugsgebiet? Welche Flächen stehen zur Verfügung, die weit genug von einem Ballungsraum entfernt sind, aber nah genug liegen, um überhaupt angenommen zu werden? Gibt es Naturschutz-, Naherholungsgebiete oder Nationalparks in der Nähe? Welchen Platz werden die Bewegungsflächen einnehmen, wie lang müssen die Pisten sein?

Dann werden Bodenproben entnommen. Die Wetterdaten aus den vergangenen Jahren überprüft. Wie sind die vorherrschenden Windrichtungen? Das Gelände wird auf Umweltverträglichkeit geprüft (Frösche, Juchtenkäfer und Mopsfledermäuse lassen grüßen). Tritt regelmäßig Nebel auf? Mit welchen Widerständen muss man rechnen? Gibt es Risiken in den An- und Abflugsektoren, wie Kernkraftwerke, Chemiewerke, aber auch Müllkippen, die verlegt werden müssen, weil sie bevorzugtes Habitat von Vögeln sind? Die wiederum könnten ein erhöhtes Vogelschlagrisiko darstellen. Wie ist die Verkehrsinfrastruktur mit Bahn, Auto und ÖPNV?

Klassifizierung der Flugplätze

Flughäfen, Flugplätze, Landeplätze

3

Flugplatz ist ein Oberbegriff für einen Ort, an dem Luftfahrzeuge starten und/oder landen können. Er kann zu Wasser und zu Land angelegt sein. In Deutschland unterscheidet die Luftverkehrszulassungsordnung nach *Flughäfen* (Verkehrsflughäfen, Sonderflughäfen), *Landeplätze* (Verkehrs- und Sonderlandeplätze) und *Segelfluggelände*.

In Österreich fasst man darunter Flughäfen und Flugfelder zusammen. In der Schweiz unterscheidet man zwischen Landesflughäfen, Regionalflugplätzen, zivil mitgenutzten Militärflugplätzen, Flugfeldern, Segelflugfeldern, Wasserflugplätzen, Heliports und Winterheliports.

Allgemein gilt

- **Flughäfen** dienen dem internationalen oder regionalen Passagier- und Frachtverkehr und besitzen im Allgemeinen die dafür notwendige Infrastruktur. Bei entsprechendem Verkehrsaufkommen ist der Luftraum um sie herum geschützt und wird durch die Flugsicherung kontrolliert. Bauvorhaben im Flughafenbereich unterliegen besonderen Auflagen und bedürfen einer luftrechtlichen Genehmigung (s. a. Freiflächen, Bauschutz).
- **Verkehrslandeplätze** dienen der Allgemeinen Luftfahrt (General Aviation). Sie unterliegen einer Betriebspflicht zu den im Luftfahrthandbuch veröffentlichten Zeiten.

- **Segelfluggelände** dürfen nur von Segelflugzeugen genutzt werden. Motorflugzeuge bedürfen dort einer Ausnahmegenehmigung (zum Beispiel zum Schleppen von Segelflugzeugen).
- **Militärflugplätze** sind in Deutschland, Österreich und der Schweiz grundsätzlich den Luftstreitkräften vorbehalten. In Einzelfällen werden sie zivil mitgenutzt (z. B. Rostock-Laage).

Der Konstanzer Flugplatz mag unscheinbar sein, aber er ist der älteste Verkehrslandeplatz Deutschlands, denn er wurde am 5. Januar 1910 trotz des Hohngelächters Konstanzer Bürger gegründet. Kein Geringerer als Graf Zeppelin unterstützte die Gründer mit 3000 Goldmark.

Merkmale

4

Die Komplexität eines Airports

Flughäfen sind weitläufige, hochkomplexe Anlagen. Sie funktionieren meist derart reibungslos, dass der Passagier nichts davon mitbekommt, was hinter den Kulissen abläuft, während er am Schalter eincheckt und sich zum Flugsteig begibt. Es sind Städte ohne Einwohner, in denen zigtausend Menschen Arbeit finden, es sind pulsierende Lebensquellen, oft 24 Stunden am Tag geöffnet. Flughäfen und deren Wachstum sind aber auch Zankäpfel, Reizthemen und Gegenstand von Anwohnerprotesten, besonders in Ballungszentren, obwohl genau diese Städte, die Wirtschaftsstandorte, ganze Regionen und Staaten auf sie angewiesen sind.

Ohne Frage sind Flughäfen auch ökologische Faktoren. Allein der Frankfurter Flughafen hat eine Fläche von ca. 23 Quadratkilometern, davon entfallen auf die versiegelten Betriebsflächen etwa 18 Quadratkilometer. München beansprucht 16 Quadratkilometer Gesamtfläche. Ein Großteil dieser Flächen wird natürlich von dem Pistensystem eingenommen. Strategisch klug wird man außerdem Terminals anlegen, Bahnhöfe, Bussteige, Bankschalter, Parkhäuser, Flugzeughallen, Feuerwachen, Kerosinfarmen und Tankstellen, Flugsicherung, Navigationsanlagen, Werkstätten, Polizeiwache, Zollgebäude, Krankenstation, Catering, Betriebsgebäude, Garagen und Unterstände für die vielen Fahrzeuge, Gepäckhallen, Lagerhallen, Großküchen und Kantinen, Bürogebäude, Simulatoren, Lounges und Hotels, vieles davon auf mehreren Ebenen bis tief in den Untergrund.

Der Flughafen Frankfurt ist nicht nur der wichtigste Airport in Deutschland, er rangiert auch unter den Top Ten der Welt.

Mega Airports

5

Das Wirtschaftssystem eines Großflughafens

Der Titel Mega Airport ist weder geschützt noch definiert. Den muss sich ein Flughafen verdienen. Da kommen viele Komponenten zusammen:

- Zentrale Lage zu einer Hauptstadt oder einem Wirtschaftszentrum
- Erweiterungsfähige Planung am Reißbrett
- Prestigeträchtige Bauten
- Ansiedelung zahlreicher Airlines
- Direktverbindungen in alle Welt
- Flexibles Pistensystem
- Leistungsfähige Flugsicherung
- Großzügige Ausstattung
- Weitläufige Abflug- und Ankunftsbereiche, um auch bei Wetterkatastrophen, Flugausfällen und Streiks keine chaotischen Zustände aufkommen zu lassen
- Mehrere Terminals zur Entflechtung von Passagierströmen
- Leistungsfähiges Gepäcksystem
- Vorbildlicher Verkehrsanschluss an Straßen, Schienen und/oder Schiffsverkehr
- Anschluss an das internationale Pipelinesystem
- Hotels am Flughafen

Auch wenn unser Berliner »Großflughafen« nach 16 Jahren Bauzeit die Hauptstadt der größten Wirtschaftsmacht Europas bedient, spielt dieser Flughafen verglichen mit Amerika oder

Hartsfield-Jackson Airport war 2019 mit 110 Millionen noch der Flughafen mit dem höchsten jährlichen Passagieraufkommen weltweit. Zwei Terminals, aber sieben Flugsteige, 176 Gates. Vor der Pandemie hatte er fast 1 Mio. Flugbewegungen im Jahr.

Asien in der Kreisliga. Aber Deutschland hat ja noch Frankfurt und München, die den anderen Großen der Welt nicht nachstehen. Zum Vergleich: Als Berlin noch mit Entrauchungsanlagen und Brandschutztüren herumgemurkst hatte, wurden in China 43 Flughäfen hochgezogen, in gerade einmal vier Jahren. Darunter der größte Flughafen der Welt: Beijing.

Als Mega Airports gelten gemeinhin: Amsterdam, Atlanta, Bangkok Suvarnabhumi, Barcelona, Beijing Daxing, Chengdu, Chicago O'Hare, Dallas/Fort Worth, Delhi, Denver, Dubai, Frankfurt, Guangzhou, Hongkong, Istanbul, Jakarta, Kuala Lumpur, Las Vegas, London Heathrow, Los Angeles, Madrid Barajas, New York JFK, Paris Charles-de-Gaulle, San Francisco, Seattle Seoul Incheon, Shanghai Pudong, Shenzen, Singapur und Tokyo Haneda. All diese Flughäfen hatten 2019 (vor der Pandemie) ein Passagieraufkommen zwischen 51 und 110 Millionen.

Drehkreuz

6

Airports im Verbund

Unter dem Eindruck des Klimawandels verändert sich auch die Einstellung zum Flugverkehr. Stieg man früher noch ohne mit der Wimper zu zucken in Berlin ins Flugzeug nach Frankfurt, um von dort den Flieger nach Atlanta zu nehmen, wird man heutzutage die Bahn zumindest in die nähere Betrachtung ziehen.

Direktverbindungen zwischen Berlin und den USA wurden von der Bevölkerung nur zögerlich angenommen. Auch asiatische Airports wie Beijing, Hongkong oder Singapur wurden schnell wieder eingestellt. Zu nah liegen die Drehkreuze Amsterdam, Warschau, London und natürlich München, Düsseldorf und Frankfurt. Von hier kann man allein in den USA ein Dutzend Drehkreuze erreichen und ist in ein, zwei Stunden an seinem Ziel, und sei es noch so abgelegen.

Natürlich würden die meisten Reisenden gerne an ihrem nächstgelegenen Flughafen in ein Verkehrsmittel einsteigen und möglichst unverzüglich, ohne umzusteigen, an ihren Zielort gelangen. So etwas nennt man eine Point-to-Point-Verbindung. Klar ist aber auch, dass dies nicht geht, weder auf der Schiene, noch in der Luft. Wollte man beispielsweise 100 Städte direkt und nonstop miteinander verbinden, bräuchte man 4950 Direktverbindungen. Hin und zurück sind das 9900 Einzelflüge! Die Anwohner der Flughäfen hätten es dann mit knapp 10 000 Starts und Landungen pro Tag zu tun. Der Luftraum würde zum Bersten gefüllt, es gäbe Staus auf den Flughäfen, der Verkehrsinfarkt wäre imminent. Außerdem wären die meisten Flugzeuge nicht einmal annähernd ausgelastet. Verbindet man hingegen dieselben 100 Städte über ein Drehkreuz, das einem Wagenrad mit Nabe und Speichen ähnelt, sind das 100 Strecken, oder 200 Einzelflüge. Auch wenn man die Umsteigezeit hinzurechnet, ist Zeit gespart, weil der gesamte Flugbetrieb am Boden und in der Luft geordnet abläuft. Gleichwohl stehen besonders die fluglärmemp-

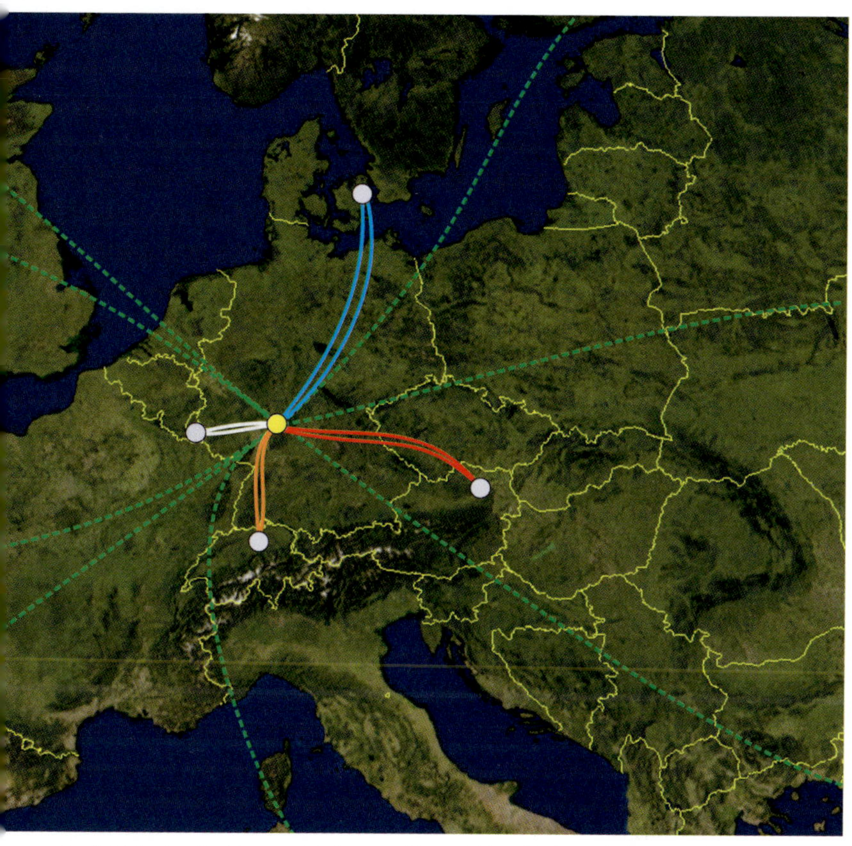

Der Betrieb eines Drehkreuzes ist die umweltfreundlichste Variante. Ankommende interkontinentale Passagiere werden vom Hub zu ihren individuellen Zielen gebracht. Das Streckennetz ist aufgeräumter, als wenn jede größere Stadt weltweite Verbindungen hat.

findlichen Anwohner der Drehkreuz-Funktion ihres Flughafens kritisch gegenüber.

Das oft genannte Argument, dass Flughäfen ja auch Umsätze generieren, Übernachtungen, Verzehr, Steuern, primäre und sekundäre Arbeitsplätze etc., käme bei Umsteigern nicht zum Tragen, die nichts am Ort ließen außer ihr »Pipi«. Dem Lärm aber seien die Anwohner ausgesetzt. Ohne die Umsteiger könne man kleinere und leisere Flugzeuge einsetzen, die nicht so oft starten und landen würden. Da aber die Städteverbindungen ohnehin bestehen, ist es nur vernünftig, die Flugzeuge auch zu füllen. »Umsteigen verboten« macht keinen Sinn.

Zubringerflüge

7

Zubringer per Flug oder Schiene?

Inlandsflüge stehen auf der Roten Liste von Umweltschützern, Klima-Aktivisten und Fridays for Future. Zusammengefasst sollten nach deren Vorstellungen alle Strecken unter 400 Kilometer mit der Bahn zurückgelegt werden. Gut fürs Klima. Gut fürs Umweltgewissen. Aber es gibt damit ein Problem: Plane ich, eine Reise mit der Bahn anzutreten, und die Lokführer streiken, verpasse ich womöglich meinen Flug. Für einen Ersatz zu einem späteren Zeitpunkt ist die

Von welchem Gate geht mein Anschlussflug ab? Übersichtlichkeit bringt Ruhe ins Umsteigen. Je zahlreicher die Informationspunkte, desto besser.

Airline nicht verpflichtet. Habe ich einen Zubringerflug bei derselben Airline gebucht und der Flug wird bestreikt, kommt die Airline für die Kosten auf, bringt mich zur Not in einem Flughafenhotel unter und fliegt mich am nächsten Tag zu meinem Ziel. Mehrere Flüge bilden rechtlich immer dann einen Gesamtflug, wenn alle Flüge bei derselben Airline gebucht werden und es keine erhebliche zeitliche Zäsur zwischen den Teilflügen gibt.

Das Verkehrsministerium hat dieses Problem erkannt und unterstützt Airlines, Bahn und Fernbusunternehmen bei der Intermodalität und Vernetzung dieser Verkehrsmittel.

8

Bevölkerungsmagnet Flughafen

Flughäfen generieren Wachstum

Der alte Flughafen »München Riem« war in den 1970er-Jahren zu klein geworden, die Stadt hatte sich gleichzeitig bis in die Nähe des Flughafenzaunes ausgedehnt. Also beschloss man, einen neuen Airport zu bauen, weit draußen vor den Toren der Stadt im Landkreis Freising. Ein paar Kilometer weiter gab es eine kleine ländliche Gemeinde namens Hallbergmoos, deren Bevölkerung schon seit 1950 nie mehr als 2600 Einwohner hatte. Man einigte sich mit den Bauern über das Gelände und begann mit der Erschließung.

Durch den Bau und den Betrieb des Flughafens ab 1992 entstanden natürlich neue Jobs, die entweder direkt oder indirekt mit dem Flughafen zusammenhingen. Der Einfachheit halber zog man nach Hallbergmoos, baute dort sein Häuschen oder bezog eine Wohnung. Mittlerweile hat sich die Bevölkerung in wenigen Jahren mehr als vervierfacht. Aus der einst bäuerlich geprägten Gemeinde wurde eine moderne internationale Wohngemeinde mit rund 1400 Unternehmen mit 11 000 Arbeitsplätzen. 30 Jahre nach der Eröffnung des Flughafens leben dort rund 11 000 Einwohner aus 70 Nationen in der Gemeinde und jedes Jahr kommen weitere dazu.

Man konnte aber darauf warten wie auf das Amen in der Kirche, denn dieselbe Geschichte wiederholt sich, solange es Flughäfen gibt: Die Menschen, die vom Flugverkehr leben, die wegen des günstigeren Baulandes, der Wirtschaftsförderung und der kürzeren Fahrtzeiten zum Arbeitsplatz in seine Nähe ziehen, wehren sich irgendwann gegen den damit verbundenen Fluglärm. Zum Nachtflugverbot werden weitere Auflagen erstritten. Überall, nicht nur in München.

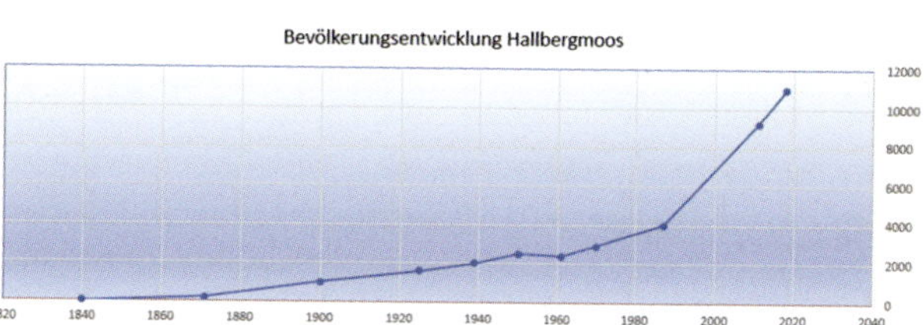

Die Siedlung Hallbergmoos wuchs mit dem Bau des Flughafens München zu einem stattlichen Gemeinwesen mit 11 000 Einwohnern.

Stadtflucht

9

Jobmotor Flughafen

Warum verlassen Menschen ihre Etagenwohnung in der fluglärmfreien Innenstadt von Frankfurt, München, Hamburg oder Berlin und tauschen sie gegen ein Domizil in Flughafennähe? Weil sie am Flughafen einen Job gekriegt hatten und weil sie bald die tägliche Fahrerei satthatten! Verständlich und nachvollziehbar.

Mit welchem Recht aber bekämpfen sie nun den wirtschaftlichen Erfolg des Airports, der ja mit dem Flugverkehr wachsen muss?

Der Betrieb eines Flughafens ist unstrittig von enormer Wichtigkeit für die Volkswirtschaft einer Region, eines Landes oder eines Staates, nicht nur wegen der zehn-, zwanzig- oder gar sechzigtausend direkten Arbeitsplätze, sondern wegen den Hunderttausenden, die indirekt dadurch gesichert sind. Bisweilen muss man diesem höheren Ziel auch schon einmal persönliche Interessen unterordnen.

Die Vor- und Nachteile von einem bequemen Stadtleben, einem spannenden Berufsleben und erholsamer Idylle erkauft man sich entweder mit Lärm, Hektik oder täglichen Fahrtzeiten.

Fluglärm

10

Geräuschlos fliegen ist nicht möglich

Über Jahre hinweg trafen sich Fluglärmgegner im Frankfurter Flughafen und zogen lärmend mit Trommeln, Kochtöpfen und Trillerpfeifen durch die Abflughalle.

Zu Beginn des Düsenzeitalters spielte Lärm in der breiten Bevölkerung keine Rolle. Damals überwog die Begeisterung für das neue Jetzeitalter. Plötzlich rückten die Kontinente dichter zusammen. In den 1970er-Jahren wurde Fliegen sogar noch preisgünstiger. Loftleidir Icelandic flog für 999 DM von Luxemburg über Reykjavik nach New York. Jugend- und Studententarife wurden angeboten, es kümmerte uns einen Dreck, was die Flugzeuge hinten rausrotzten und was sie an Lärm hinter sich ließen. Ab nach New York, und von dort trampen wir nach San Francisco. »Be sure to wear some flowers in your hair.«

Boeing und McDonnell-Douglas waren die führenden Jetproduzenten. Beim Triebwerksbau wurde auf Wirkungsgrad geachtet, Lärmreduktion war bestenfalls Nebensache. Heute hat sich da so einiges geändert, sowohl am Flugbetrieb als auch bei den Flugzeugen und in der Wahrnehmung der Bevölkerung.

In den meisten Geräuschtabellen wird seit jeher »das Düsenflugzeug« mit 130 dB oder auch schon mal mehr angegeben. Das ist aus mehreren Gründen unsachlich, weil man erstens dort, wo eine solche Lautstärke entstehen könnte, nämlich beim Start und genau im heißen Abgasstrahl, gar keinen Zutritt hat. Zweitens gibt es diese Flugzeuge nur noch in Ländern, in denen Lärm und Flugsicherheit nicht als vorrangiges Problem gesehen wird. Drittens haben unterschiedliche Flugzeuge unterschiedliche Emissionen, die sich gar gewaltig voneinander unterscheiden. Trotzdem wird »das Düsenflugzeug« beharrlich von einer Lärmtabelle in die nächste übertragen. Alle realistischen Werte bewegen sich zwischen 79 und 105 dB.

Fluglärm ist heute ein emotional belastetes Thema. Flughafenanwohner machen den Airport als Emittent schnell zum Sündenbock für allerlei Probleme, vor allem für Schlafstörungen. Da aber mit zunehmendem Alter 60 Prozent der Männer und 40 Prozent der Frauen mehr oder weniger laut schnarchen, liegt die erste Lärmemission schon mal im eigenen Bett. Weiß man nun, dass der Schalldruck eines Schnarchers zwischen 20 und 90 Dezibel liegt – Letzteres entspricht dem Geräusch eines startenden Airbus 450 Meter neben der Startbahn gemessen – dann braucht man sich um nächtlichen Verkehrslärm und Schallschutzfenster erst einmal keine Gedanken zu machen. Weitere Ursachen für Schlafstörungen sind bekanntlich Licht, laufender Computer im Schlafzimmer, zu hohe Raumtemperatur, Lärm, eine schlechte Matratze, Kaffee, Alkohol, Nikotin, Ärger, unverarbeiteter Streit, Beziehungsprobleme, aber auch die häufige Umstellung bei Schichtarbeitern. Es gibt tatsächlich einen Zusammenhang zwischen Schlafstörungen und Erkrankungen des Herz-Kreislauf-Systems bis hin zum Schlaganfall.

Zürich Kloten. Dort gibt es ein Haus, das 600 Meter vor der Landebahn 28 steht und in ca. 30 Metern Höhe überflogen wird. Ein Anruf beim Besitzer des Hauses offenbarte Erstaunliches. Auf die Frage, wie er denn zum Fluglärm stehe, sagte er: »Ich empfinde das nicht als Lärm, sondern als Bereicherung. Ich habe halt eine positive Einstellung zum Luftverkehr.«

Wenn keine organische Krankheit vorliegt, muss man die äußeren Gegebenheiten untersuchen und gegebenenfalls verändern. Alles auf den evtl. vorhandenen Fluglärm abzuschieben, ist zu kurz gegriffen, denn erstens leiden viele Menschen unter Schlafstörungen, die niemals ein Flugzeug hören, und zweitens liegen die Ursachen meistens ganz woanders.

Lapidares Beispiel: Eine millimetergroße Mücke ist nun wirklich nichts gegen das Energiepotenzial eines landenden Jumbos von 80 Metern Länge. Zwar sind beides Flieger, trotzdem gibt es eine erstaunlich große Menge von Menschen, die trotz nachtlandenden Flugzeugen seelenruhig weiterschlafen, während sie das leise, aber hinterhältige Singen eines anfliegenden Blutsaugers im Schlafzimmer in Großalarm versetzt und womöglich eine schlaflose Nacht bereitet. Denn der Mensch hat gelernt, dass ihm der Jumbo nichts tut, während er von den Mückenstichen schmerzhafte Quaddeln davontragen wird.

11 Wasserwirtschaft

Eingriffe in den Wasserhaushalt

Wenn man auf vergleichsweise kleinem Raum wie einem Flughafen quadratkilometerweise Böden durch Bewegungsflächen wie Pisten, Rollwege und Vorfeld versiegelt, entzieht man dem Grundwasser die natürliche Regeneration durch Regen. Dazu kommt der stark erhöhte Wasserverbrauch durch tausende von Mitarbeitern und zigmillionen Passagiere im Jahr. So wurden am 1992 eröffneten Flughafen München etwa16 Quadratkilometer Boden asphaltiert. Da bleibt es nicht aus, dass Oberflächengewässer wie Gräben und Bäche durchtrennt und Feuchtwiesen und Auen trockengelegt werden. Vor Baubeginn muss daher ein großflächiger Plan zur Gewässerneuordnung einschließlich Hochwasserschutz angelegt werden. Manche Gräben kann man umleiten, möglichst mit gewundenem Lauf, ergänzt durch Kiesflächen und standortgerechtes Gebüsch und Gehölz an den Uferzonen.

Der Grundwasserspiegel unter dem Flughafengelände wird abgesenkt, um die Frostsicherheit unter den befestigten Bewegungsflächen zu gewährleisten. Gleichzeitig muss sichergestellt werden, dass die Grasflächen zwischen Pisten und Rollwegen im Katastrophenfall von schweren Feuerwehrfahrzeugen befahren werden können. Das über Entwässerungsgräben abgesenkte Grundwasser wird außerhalb des Flughafens über eine Versickerungsanlage dem Boden wieder zugeführt. Auf die Hochwasser- und Starkregenprognose wird pauschal ein Klimazuschlag von 15 Prozent gegeben. Der gesamte Wasserwirtschaftsplan für den Flughafen umfasst 230 Quadratkilometer rund um den Airport.

Im Flughafenbereich selbst sammeln sich in insgesamt 300 Kilometer Kanalsystemen die verschiedenen Abwässer unterschiedlicher Herkunft und Belastung:

- häusliches Abwasser aus den Abfertigungsbereichen, Büros oder Personaleinrichtungen
- gewerbliches Abwasser aus Küchen, Kantinen und Cateringbetrieben
- Abwasser aus der Flugzeugwäsche (kann Öl, Kerosin oder Schwermetalle enthalten)
- Mischwasser (Schmutz- und Niederschlagswasser von Vorfeldern, Bahnen, Dächern, Straßen und Parkplatzflächen)
- Enteisungsabwasser im Winterbetrieb von den Bahnen und Vorfeldern sowie anteilig von der Flugzeugenteisung

Ein intakter Wasserhaushalt ist lebenswichtig für Mensch und Natur.

Niederschlagswasser von befestigten Flächen wird in ein Regenklärbecken mit Abscheider von Leichtflüssigkeiten geleitet, Schmutzwasser aus Terminals, Gastronomie, Tankstellen, Flugzeugwaschplatz, Feuerwehrübungsplatz wird nach Vorbehandlung in Fettabscheidern, Überlaufbecken und »Flugzeugwaschwasservorbehandlungsanlage« zu einer Kläranlage geleitet. Enteisungsabwasser wird aufgefangen, durchläuft einen Bodenfilter, wird wiederaufbereitet und erneut zur Flugzeugenteisung verwendet. 70 Prozent des im Wasser enthaltenen Glykols können wiederverwendet werden. Der Rest geht zur Kläranlage.

Die für die Betriebsflächen eingesetzten Enteisungsmittel Natrium- und Kaliumformiat sind biologisch abbaubar. Der Schnee von den Vorfeldern, den Rollwegen sowie den Start- und Landebahnen mit Schnellabrollwegen wird auf dichten und kanalisierten Schneedeponien mit Abfluss zum Enteisungsabwasserkanalsystem gelagert.

Es ist also nicht damit getan, eine unbebaute Fläche mit ein paar Pisten und Rollwegen zu versehen und ein Terminal darauf zu bauen.

Abfallwirtschaft

12

Eigene Müllkonzepte

Bei jeder Landung einer A380 auf dem Anti-Rutsch-Belag der Piste werden die 16 Räder des Hauptfahrwerks aus dem Stand auf etwa 200 Stundenkilometer beschleunigt. Dabei lasten auch noch fast 400 Tonnen der Landemasse auf ihnen. Das geht nicht ohne Reifenabrieb in der Aufsetzzone der Piste. Da diese Stellen im Laufe der Zeit ihren Grip verlieren, muss der Belag regelmäßig gereinigt werden. An einem betriebsreichen Flughafen fallen bei jeder Reinigung jährlich etwa 3000 Kilogramm Gummi pro Piste an. Dieser Gummi wird aus dem Reinigungswasser zurückgewonnen und weiterverwertet.

Recycling findet in fast allen Betriebsfeldern eines Airports statt. In den Läden, Lounges, Warteräumen sammeln sich Broschüren, Zeitschriften und Zeitungen, Kartonagen für das Altpapier. Kunststofffolien von Verpackungen, Styropor, Holz, Plastik, Mischglas machen fast 75 Prozent des gesamten Abfalls aus, werden sortenrein getrennt und verwertet. Speisereste aus der Gastronomie, tausende von Tonnen an Rasenschnitt landen in der Biogasanlage und werden zu Strom, Wärme oder Dünger verarbeitet. So kann ein Flughafen bis zu 99 Prozent seines Abfalls dem Wertstoffkreislauf zuführen, je nachdem wie ausgeklügelt das Abfallwirtschaftszentrum angelegt ist. Nur ein geringer Teil bleibt schließlich übrig, und selbst dieser wird im Heizkraftwerk noch zu Strom.

Je mehr Menschen sich geschäftig auf engem Raum treffen, umso mehr Abfall bleibt zurück. Diese Rohstoffe zu nutzen, ist ein wichtiger Nebenauftrag an die Betreiber eines Flughafens.

Recycling-Management

13

Abfälle sind Rohstoffe

Die Digitalisierung und Automatisierung des Abfall- und Wertstoffmanagements werden für Unternehmen immer wichtiger. Denn neue Gesetze und Vorgaben zum Recycling, wie das Kreislaufwirtschaftsgesetz, machen Druck auf die deutsche Wirtschaft. Digitale Lösungen helfen bei den anstehenden Veränderungen, weil sie Aufwand und Kosten der Unternehmen reduzieren und die Entsorgungsabläufe stark vereinfachen. Es gibt heute kaum einen modernen Airport, der es sich leisten kann, verbrauchte Materialien NICHT zu recyceln. Dabei kommen kreative Techniken zum Einsatz. Frankfurt zum Beispiel setzt beim Abfallmanagement und der nachhaltigen Entsorgung auf die digitale und cloudbasierte Recycling-Plattform des Hamburger Clean-Tech-Unternehmens Resourcify. Mit deren Software will der weltweit aktive Luftverkehrsdienstleister sowohl seine Entsorgungsabläufe und Recyclingprozesse als auch die Kommunikation mit seinen externen Entsorgungsunternehmen optimieren, verbessern und digitalisieren.

Der Flughafen Frankfurt am Main ist eines der bedeutendsten Luftverkehrsdrehkreuze weltweit. Er betreibt auch die größte lokale Arbeitsstätte Deutschlands. Hier arbeiten etwa 500 Unternehmen: Fluggesellschaften, Restaurants, Geschäfte, Werkstätten und viele Dienstleister. Täglich entstehen rund um den Airport mehrere Tonnen Abfall in über 140 Abfallarten, von Verpackungsmüll bis hin zu Gefahrstoffen wie Altöl und Gummiabrieb – jeweils mit unterschiedlichen Abholzyklen.

Das Entsorgungsmanagement gestaltet sich wegen der täglichen Menge und der Vielzahl an Abfallarten und Abholungen sehr komplex. Seit der Digitalisierung wird viel administrative Arbeit eingespart. Abfälle und Wertstoffe sind jetzt leichter handhabbar, was weniger Aufwand im Arbeitsalltag und besseres Recycling bedeutet.

Flughäfen als Vorbild für Nachhaltigkeit

Wenn schon im Privathaushalt Wert auf Mülltrennung gelegt und Papier als Rohstoff gesammelt wird, um wieviel wichtiger ist es an einem Ort, den jedes Jahr Millionen von Menschen benutzen?

Klimatechnik

14

Nicht sichtbar, aber durchaus spürbar

Dass eine vermurkste Haustechnik wie Klima, Lüftungs- oder Entrauchungsanlage die Eröffnung eines Flughafens über Jahre hinaus verzögern kann, hat die Welt am neuen Berliner Flughafen erlebt. Auch die Verkabelung entsprach nicht der Qualität und Übersichtlichkeit, wie man es bei einem Hauptstadtflughafen erwarten konnte, der drei bewährte Flughäfen ersetzen sollte. Wie es geht, hätten die Planer am Frankfurter Flughafen besichtigen können, der ja um ein Vielfaches größer ist als der BER. Schalterhallen, innen liegende Ladenflächen, Laufsteige, Abfertigungshallen, Sanitärräume müssen auf mehreren Ebenen für den Dauer- und Spitzenbetrieb bei einem Publikumsverkehr von sechzig, siebzig Millionen Passagieren im Jahr klimatisiert werden, das bedeutet belüftet, gekühlt oder erwärmt. Über kilometerlange Kanalsysteme bringt die Raumlufttechnik Frischluft in die Räume, wo sie entlang der Wände durch Schlitzschienen eingebracht wird. Zur besseren örtlichen Kontrolle gelangt die Warmluft über ein separates Rohrsystem an die jeweiligen Raumauslässe. Ein energieeffizientes Direktverdampfungssystem sorgt mit wassergekühlten Kältemaschinen sowohl für Kühlung als auch für Wärme.

Klimatechnik in Frankfurt. Nur das Beste ist gut genug.

Brandschutz

15

Im Notfall überlebenswichtig

Kann denn ein Flughafen brennen, der tonnenweise aus Stahlbeton besteht? Ja, kann er. Am 11. April 1996 lösten Schweißarbeiten an einer Dehnungsfuge im Düsseldorfer Flughafen ein Brandunglück aus. Ein Schwelbrand war in der Zwischendecke entstanden, genährt durch verbaute Styroporplatten. Er blieb zunächst unentdeckt, führte aber zu starker Hitzeentwicklung. Der Luftabschluss zerschmolz, Sauerstoff drang ein, wodurch es schlagartig zu einem Vollbrand auf mehreren hundert Metern Länge kam. Die gesamte Zwischendecke stand sofort in Flammen. Die Flughafenfeuerwehr konnte den Brand nicht allein bekämpfen. Weitere Feuerwehren aus Stadt und Umland bis Ratingen, Neuss, Wuppertal, Duisburg und Bonn kamen hinzu. Da sie alle auf unterschiedlichen Funkfrequenzen arbeiteten und keine Gebäudepläne hatten, war eine koordinierte Brandbekämpfung nicht möglich. Erst nach einer Stunde gelangten Helfer mit schwerem

Brandschutzanlage in den Katakomben eines Flughafens. Übersichtlichkeit und Farbgebung erleichtern nicht nur die Wartung. Auch Feuerwehrleute von auswärtigen Löschzügen ohne Ortskenntnis können sich damit zurechtfinden.

Bis zum Düsseldorfer Flughafenbrand war die reisende Öffentlichkeit der Meinung, mit so viel verbautem Beton könne ein Flughafen nicht brennen.

Atemschutz in die Ankunftsebene, wo bereits 16 Menschen am Rauchgas erstickt waren. Der Flugbetrieb wurde erst 40 Minuten nach der Brandmeldung eingestellt. Nach vier Stunden hatten die 1000 Feuerwehrleute den Brand unter Kontrolle. Über 80 Menschen wurden zum Teil schwer verletzt.

Als Ursachen wurden Kostengründe beim Bau genannt, die zur nicht erlaubten Verwendung des billigeren Dämmmaterials führten. Außerdem wurden bei den Schweißarbeiten Brandschutzvorschriften missachtet. Auf den Einbau einer Sprinkleranlage hatte man auch verzichtet. In den Belüftungskanälen hatte sich zudem eine große Menge Staub angesammelt, über den sich das Feuer schnell in alle Richtungen ausbreiten konnte. Die Air France Lounge wäre nur noch über den Aufzug zu verlassen gewesen. Da aber der Rauch die Lichtschranken der Aufzugtüren blockierte, war die Falle zu. Hier starben die meisten Menschen. Es fehlten außerdem Brandschutztüren und eine Entrauchungsanlage. Der Rauch verteilte sich über die Klimaanlage. Neben der Bauleitung holte der Brand zahlreiche Verantwortliche für den rund 30 Jahre zurückliegenden Bau der Abfertigungshalle ein. Der Prozess dauerte fünf Jahre. Der Sachschaden wurde auf 30 Millionen Euro festgesetzt. Die verurteilten Unternehmen wurden auf Schadenersatz in Höhe von 150 Millionen Euro verurteilt, die aber nicht alle als zulässig befunden wurden. Die Terminals mussten teilweise grundsaniert bzw. abgerissen werden. Die Düsseldorfer Feuerwehr wurde um einhundert Stellen aufgestockt und erhielt modernere Gerätschaften.

Freiflächen

16 Ohne Rodung und Landschaftspflege geht es nicht

Der Endanflug auf beide Pisten soll entlang der Mittelachse frei von Bebauung sein. Er führt über Grasland oder Wald. Im letzteren Fall werden die Bäume, die in eine fiktive Fläche hineinragen, oberhalb einer bestimmten Höhe gewipfelt. Große Flughäfen beschäftigen einen eigenen Förster, der auch über die jährliche Wuchserwartung Bescheid weiß und rechtzeitig tätig wird.

Der Stuttgarter Flughafen liegt auf einer topfebenen, waldfreien Fläche zwischen Äckern und parallel zur Autobahn.

Bauschutz

17

Kontrolliert bauen

Das Luftverkehrsgesetz regelt die Bebauung im Bereich von Flughäfen. Alle Bauvorhaben im Nahbereich eines Airports sind bei der zuständigen Luftfahrtbehörde einzureichen. Dieser Nahbereich gilt bei großen Flughäfen bis zu 15 Kilometer, bei Landeplätzen und Segelfluggeländen nur bis zu maximal 4 Kilometer Umkreis. Dabei werden Höhe eines Bauwerkes mit dem Abstand von der Piste in Beziehung gesetzt.

Es wird davon ausgegangen, dass erhöhte Gefahren im festgelegten Bereich um einen Flughafen bestehen. Daher sind für Flächen und Höhen bestimmte Genehmigungspflichten vorgesehen, besonders um größere Flughäfen. Hier gilt der sogenannte »große Bauschutzbereich«. Start- und Landebahn sowie die jeweiligen Ein- und Abflugschneisen beeinflussen Art und Höhe eines Bauwerks und wann eine Genehmigung der Luftfahrtbehörde einzuholen ist. Kommunen im Umkreis von 15 Kilometern eines Flughafens können in seinen »Bauschutzbereich« fallen. Bauvorhaben können dann genehmigungspflichtig werden. Bei reinen Landeplätzen und Segelfluggeländen gilt der »kleine Bauschutzbereich« nach § 17 LuftVG mit maximal vier Kilometern um den Flugplatz.

Ein damit verwandter Komplex ist der Anlagenschutz. So ist zum Beispiel 15 Kilometer rund um Sende- und Radaranlagen der Flugsicherung eine Genehmigung vom Bundesaufsichtsamt für Flugsicherung (BAF) einzuholen, wenn eine Gemeinde eine Windkraftanlage aufstellen will. Das BAF prüft dann die Unbedenklichkeit.

Freiflächen und Bebauungshöhen rund um die Längsachse eines Flughafens

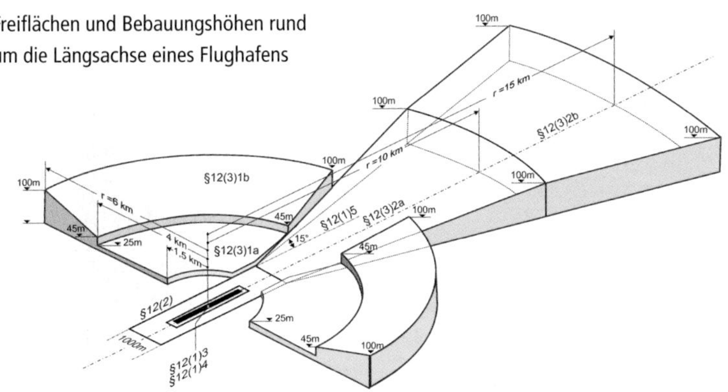

Kalibrierfläche

18

Analog, digital und geomagnetisch

Da das Magnetfeld der Erde ständigen Veränderungen unterworfen ist, hat die exakte Kalibrierung der Navigationsinstrumente eine besondere Bedeutung. Die Kompassnadel zeigt also nicht unbedingt zum geografischen Nordpol. Das nennt man Missweisung oder Deklination. Diese Ablage ist in Deutschland, Österreich und der Schweiz ca. 4° Ost. Flugzeuge sind mit Elektronik gespickt. Das kann die Navigationsanlage zusätzlich beeinflussen. Um all diese möglichen Fehlerquellen zu minimieren und es nach der Grundwartung wieder lufttauglich zu machen, wird auch der Kompass kalibriert. Magnetische und digitale Anzeigen müssen übereinstimmen. Dazu schleppt man es auf eine Parkfläche, auf der eine Kompassrose mit 30°-Einteilung markiert ist. Die Längsachse muss dann mit der angezeigten Kompassrichtung kongruent sein. Dort findet man auch die genaue Höhe und die Koordinate, um das GPS zu nivellieren.

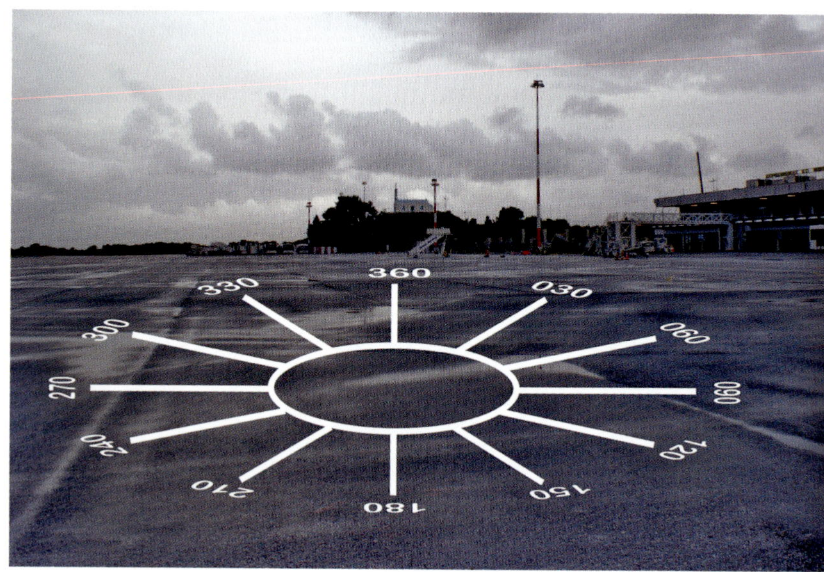

Die Kompassrose wird möglichst weit abseits von störenden Einflüssen auf den Boden aufgetragen, damit die Messung nicht beeinträchtigt wird.

Apron

19

Gewimmel von der Landung bis zum Start

An verkehrsstarken Tagen starten und landen die Flugzeuge im Minutentakt. Zwischen Pisten und Terminal herrscht daher starker Verkehr.

Was für den Passagier das Terminal ist, ist für den Flugbetrieb das Vorfeld. Es ist einer der wichtigsten Teile der Bewegungsflächen eines Flughafens. Hierher rollen die Flugzeuge, wenn sie an einem der Gates andocken, hier werden sie gewartet, während Passagiere aus- und einsteigen. Hier werden sie betankt und mit Bordverpflegung bestückt, während die Toiletten geleert und die Innenräume gereinigt werden. Je nach Schwerpunkt des Airports nennt man diese Zone auch Apron oder Ramp. Das Apron ist der geschäftigste Teil des Flughafens.

Runways

20

Höhe, Anzahl und Längen eines Pistensystems geben den Ausschlag

Die deutsche Übersetzung von Runway ist Start- oder Landebahn. Terminologisch korrekt ist es die Piste. Ein System von Schnellabrollwegen ermöglicht eine maximale Auslastung des Flughafens, da ein startendes Flugzeug nicht warten muss, bis eine landende Maschine bis ans Ende der Piste rollen muss. Pistenlänge und -breite sind nicht definiert, doch haben sich einige Standards international durchgesetzt: Nationale Passagierflughäfen sind meist mit 2000 bis 3000 Meter langen Pisten bestückt. Interkontinentale Flughäfen haben oft sogar eine 4000 Meter lange Piste. Damit ist sichergestellt, dass auch bei heißem Wetter große Maschinen starten können.

Die Runway des Flughafens Bangda im Hochland von Tibet misst sogar 5500 Meter, denn er liegt auf 4330 Metern Höhe über dem Meer. Da ist nicht nur die geringere Tragfähigkeit der Luft ein Problem, sondern auch die Höhenkrankheit bei ankommenden Passagieren. Ebenfalls in dieser Region wurde gerade der Nagqu-Dagring-Flughafen gebaut, mit 4436 Metern Höhe der höchstgelegene der Welt. All diese Höhenflughäfen sind übrigens mit einer Krankenstation ausgerüstet, die auf höhenkranke Passagiere spezialisiert sind. Denn wenn man aus dem Tiefland in nur einer guten Stunde auf 4500 Meter Höhe gebracht wird, ist der Sauerstoffmangel ein akutes Problem. Aber nicht nur der Start ist in diesen Höhen eine Herausforderung, die Landung erfordert eine höhere Anfluggeschwindigkeit und folgerichtig auch einen längeren Bremsweg. Es gibt derzeit 42 ultrahoch gelegene Airports auf der Welt. Davon liegen 15 in China.

Sportlich geht es auf manchen Karibikinseln zu. Meist bestimmt die Küstenlinie die mögliche Länge der Piste.

Nicht jeder Pilot darf überall landen

Für besonders schwierig anzufliegende Flughäfen fordert die zuständige Luftfahrtbehörde eine Sonderqualifikation des verantwortlichen Flugzeugführers. Zu den gefährlichsten Flughäfen zählen Lukla in Nepal, Sparevohn in Alaska und Saba auf den Niederländischen Antillen.

21

Start- und Landebahn

Mehr als nur eine Betonfläche

Dass eine Runway der Startpunkt für eine Weltreise sein kann, dass sie letztendlich das Herz eines Flughafens ist, kann man leicht verstehen. Sie ist aber nicht nur der zwischen einem und vier Kilometer langen Asphaltstreifen auf einem Flughafengelände. Start- und Landebahnen sind Gegenstand höchsten Interesses in allen Luftfahrtdatenbanken der Welt. Da gibt es zum einen den Runway Reference Point. Er ist der symmetrische Mittelpunkt der Start- bzw. Landebahn. Landebahnen werden unterschieden in …

Für die Bezeichnung der Pisten übernimmt man nur die beiden ersten Ziffern der Kompassrichtung. Am Pistenkopf gegenüber stünde demnach 04 für 040°.

- Non-Precision Instrumenten-Landebahn mit optischer und einer nichtoptischen Hilfe, die zumindest für den Geradeausanflug mit Localizer, NDB oder VOR ausreichende Richtungsführung bietet
- Precision Approach Runways unterschiedlicher Kategorien:
  - Precision Runway CAT I (Instrumenten-Landebahn mit ILS und optischen Hilfen, Entscheidungshöhe 60 Meter, Landebahnsicht von 550 Meter)
  - Precision Approach Runway CAT II (Instrumenten-Landebahn mit ILS und optischen Hilfen, Entscheidungshöhe 30 Meter, Landebahnsicht 350 Meter)
  - Precision Approach Runway CAT III (Instrumenten-Landebahn mit ILS), untergliedert in:
    - CAT III A: Betrieb mit entfallender Entscheidungshöhe bis hinab zu einer Landebahnsicht von 200 Meter
    - CAT III B: Landebahnsicht von 50 Meter
    - CAT III C: ohne Sicht für die Landung und anschließendes Rollen

Aufgrund der in Deutschland vorherrschenden West- und Ostwinde sind die meisten Startbahnen West/Ost ausgerichtet. Mehr als 20 Knoten effektiver Seitenwind sollen nicht überschritten werden. Ergibt die langfristige Wetteraufzeichnung, dass häufig mit Querwinden zu rechnen ist, wird man einen verkehrsreichen Airport mit einer oder zwei zusätzlichen Pisten ertüchtigen.

Der Flughafen von Palm Springs liegt am Rand der kalifornischen Wüste.

Bei der Planung ist auch die Lage von sensiblen Einrichtungen wie Krankenhäuser, Kraftwerke, Chemiewerke, Wohnorte, Erholungsgebiete zu berücksichtigen. Auch die Lage benachbarter Flughäfen und deren Routensystem sind zu beachten und gegebenenfalls zu entflechten.

Parallele Startbahnen mit Simultanbetrieb müssen einen Mindestabstand von 210 Metern bei Sichtflugbetrieb, bei Instrumentenbetrieb 760 Meter haben.

Während 3000 Meter Länge dem Standard vieler Verkehrsflughäfen entspricht, weisen die meisten interkontinentalen Airports mindestens eine Piste mit 4000 Metern Länge auf. Die Breite soll zwischen 45 und 60 Meter betragen. Eine leichte Wölbung ist wünschenswert, damit Regenwasser zu den Seiten abfließen kann. Dieses läuft dann durch Längsschlitze in einen Kanal, der unter den beiden Pistenrändern verläuft und dem Entwässerungssystem zugeführt wird. Dabei ist zu berücksichtigen, dass das Regen- oder Tauwasser auch Enteisungsflüssigkeit enthalten kann.

Auch für die Elektrik sind leicht zugängliche Kabelschächte vorzusehen, die die Piste auf beiden Seiten einfassen. Die Randbefeuerung wird mit einem Sicherheitsstromkreis so verkabelt, dass bei einem Ausfall mindestens jede zweite Lampe brennt. Wenn eine Mittellinienbefeuerung vorgesehen ist, wird man auch unter dem Kamm der Pistenwölbung noch einen Kabelschacht vorbereiten müssen, der allen Belastungen schwerster Maschinen standhält.

Jede Piste muss eindeutig bezeichnet werden. Verläuft die Piste von Ost nach West, also nach 270° auf dem Kompass, lautet die Bezeichnung 27. Die letzte Ziffer wird nicht genannt. Die Gegenrichtung 090° ist dann die 09. Diese Lettern werden an den Schwellen mit 9 Metern Größe aufgebracht, bei Parallelpisten auch noch ein »L« für Links und ein »R« für Rechts.

Schwelle

22

Die Elemente einer Flughafenpiste

Während es für den Normalverbraucher genügt zu wissen, dass der Flughafen selbstverständlich mindestens eine Landebahn hat, gibt es bei diesem Herzstück eines Airports Kennzahlen, die in einer weltweiten Airport-Datenbank niedergelegt sind und auf die jedes moderne Flight Management System eines Flugzeugs zugreift:

- Die Schwelle (Threshold – THR) ist der Anfang des für die Landung benutzbaren Teils der Start- und Landebahn. Sie liegt normalerweise am äußersten Ende der Piste.
- Displaced Threshold. Gibt es im Endanflug Hindernisse, kann die Schwelle ständig oder zeitweilig in Landerichtung nach innen verlegt werden. Das verkürzt natürlich die verfügbare Landestrecke.
- Die Aufsetzzone (Touchdown Zone – TDZ) ist der Teil der Piste jenseits der Schwelle, der für die erste Berührung landender Flugzeuge mit dem Boden bestimmt ist.
- Eine Freifläche (Clearway – CWY) ist eine am Ende der Start- und Landebahn festgelegte Fläche, die so hergerichtet ist, dass darüber ein Flugzeug einen Teil seines Anfangssteigflugs bis zu einer bestimmten Höhe durchführen kann. Sie ist mindestens 75 Meter beiderseits der verlängerten Pisten-Mittellinie lang.
- Eine Stoppbahn (Stopway – SWY) ist eine am Ende der Start- und Landebahn festgelegte Fläche, auf der ein Flugzeug im Falle eines abgebrochenen Starts zum Stehen gebracht werden kann.

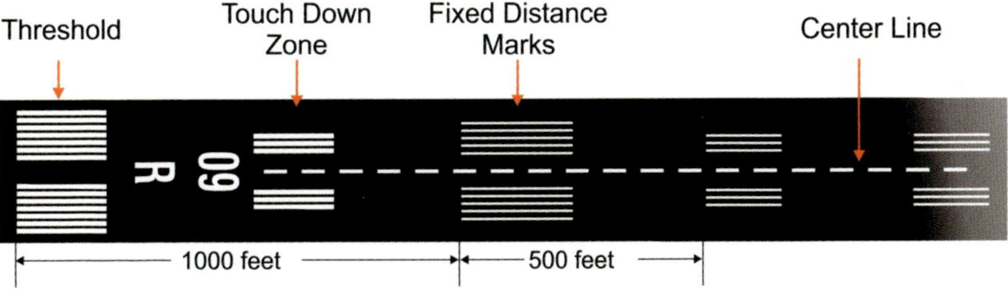

Landebahnmarkierungen können von Land zu Land variieren. Gemeinsam ist ihnen jedoch der Farbbedarf. Allein für die Pistenschwelle wird Farbe für 324 qm benötigt! Pro Landerichtung.

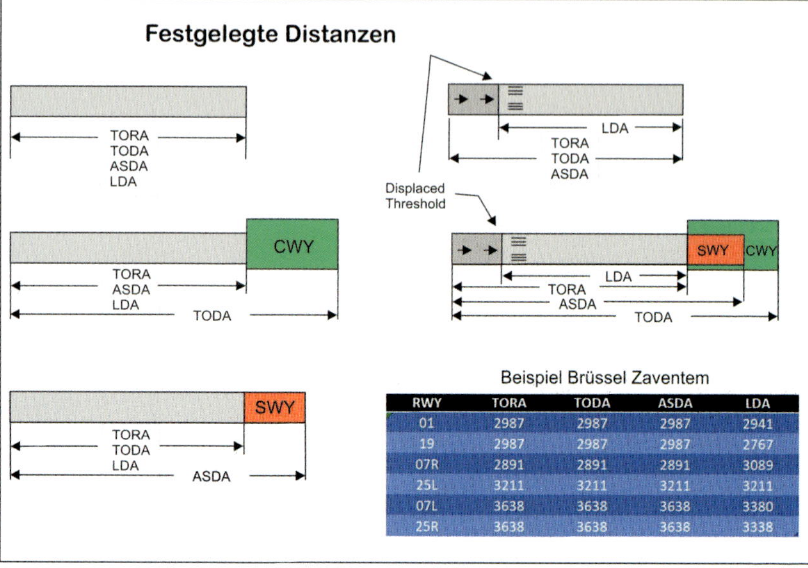

RWY	TORA	TODA	ASDA	LDA
01	2987	2987	2987	2941
19	2987	2987	2987	2767
07R	2891	2891	2891	3089
25L	3211	3211	3211	3211
07L	3638	3638	3638	3380
25R	3638	3638	3638	3338

Für die Grobplanung zur Anfliegbarkeit eines Flugplatzes für ein bestimmtes Flugzeugmuster reicht die Pistenlänge, z. B. 2900 m. Erst bei der Flugvorbereitung kümmert man sich akribisch um die hier erläuterten Begriffe.

Für jede Start- und Landebahnrichtung werden bestimmte Strecken festgesetzt:

- Die **verfügbare Startlaufstrecke** (Take-off Run Available – TORA) ist die Distanz, die als verfügbar und geeignet für den Startlauf erklärt wurde.
- Die **verfügbare Startstrecke** (Take-off Distance Available) ist die verfügbare Startlaufstrecke PLU, die Länge der Freifläche (falls vorhanden).
- Die **verfügbare Startabbruchstrecke** (Accelerate Stop Distance Available – ASDA) ist die Länge der verfügbaren Startlaufstrecke zuzüglich der Länge der Stoppbahn (falls vorhanden).
- Die **verfügbare Landestrecke** (Landing Distance Available – LDA) ist die Distanz, die als verfügbar und geeignet für den Landelauf eines Flugzeugs erklärt wurde.

Den Rest erledigt der Landungs-Computer …

Die Bordcomputer landender Großraumflugzeuge errechnen aus diesen Werten die Anfluggeschwindigkeit und den wirtschaftlichen Bremsdruck.

Asphalt und Beton

23

Eigenschaften der Piste

Start- und Landebahnoberflächen sind den dauernden Angriffen und Belastungen durch Starts und Landungen sowie Rollverkehr, Witterung, Treibstoffeinwirkungen, heißem Triebwerksstrahl, Abgasen, Enteisungsmaßnahmen und Winterdienst ausgesetzt. Dies führt oft schon nach wenigen Jahren zur Ausmagerung der Asphaltdeckschicht und zur Lockerung der Gesteinskörnungen.

Wird der Belag unzulässig hoch belastet, wird seine Struktur frühzeitig zerstört. Er bröckelt, es entstehen kleine Risse, die größer werden. Der Luftstrom der Triebwerke zerrt an den Rändern, reißt kleine Partikel heraus und schießt sie auf dahinter wartende Flugzeuge. Die Sanierung solcher Schäden ist kostspielig und zeitraubend, auch wenn die Arbeiten meist nachts nach Flugbetriebsende durchgeführt werden.

Für den wirtschaftlichen Betrieb von Bewegungsflächen ist die Kenntnis der Tragfähigkeit von Flugbetriebsflächen von entscheidender Bedeutung. Die Internationale Zivilluftfahrtorganisation ICAO hat 1981 den Flug-

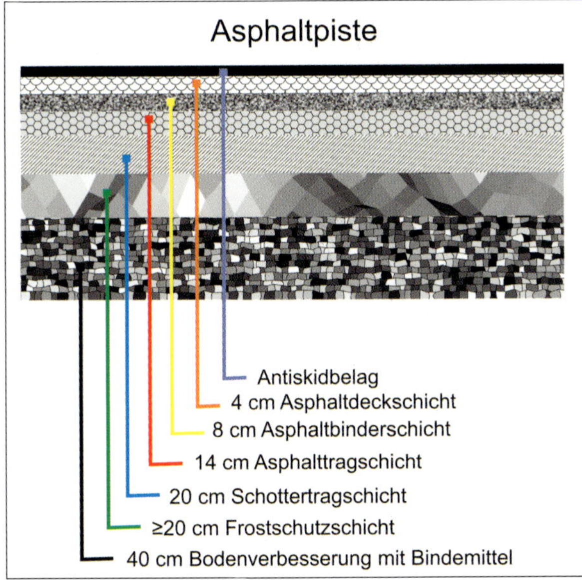

Asphalt und Beton haben unterschiedliche Eigenschaften. Daher werden die besonders beanspruchten Startbahnköpfe mit Beton gedeckt, der Rest mit Asphalt.

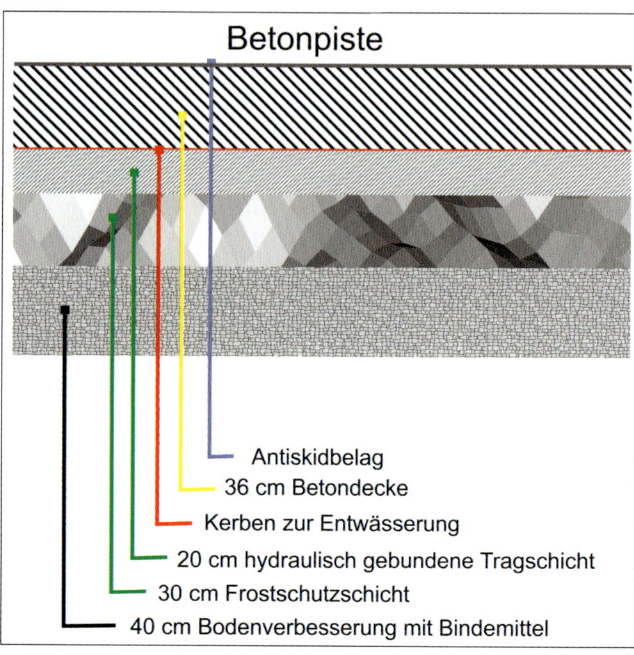

Typischer Aufbau einer Betonpiste, die jeder Witterung und jeder Belastung standhalten muss.

zeugmarkt in ein ACN-PCN-System eingeteilt. Diese Flugzeug- und Tragfähigkeitsklassifizierungsnummer sorgt für eine Vergleichbarkeit der Belastung aus dem Flugbetrieb mit der Tragfähigkeit aller Flugbetriebsflächen.

Dass es nicht reicht, wie beim Straßenbau eine Asphaltdecke auf eine Sand- und Kiesschicht zu legen, dürfte klar sein. Eine voll beladene Antonov An-225 wiegt 640 Tonnen. Der Unterbau einer Piste, die für schwere Flugzeuge geeignet ist, misst zwischen 70 und 130 cm. Die beiden Startbahnköpfe bestehen vor allem aus hartem Beton, während die Strecke dazwischen mit dem günstigeren Asphalt gebaut wird. Auf die Oberfläche walzt man einen griffigen Antiskid oder Anti-Rutsch-Belag mit einer weichen Gummiradwalze auf und besprüht ihn mit einer Schicht Bindemittel. Der Belag ist gerade mal 4 Millimeter dick und bewirkt einen optimalen Kraftschluss zwischen den Reifen und der Pistenoberfläche. Das Oberflächenwasser kann nämlich ungehindert in den Vertiefungen zwischen der Kontaktfläche des Reifens und der Makrotextur des Belages abfließen. Bei einem frischen Antiskid-Belag wird die Griffigkeit bei Schneematsch, gefrorenem Raureif, Eisfilmbildung durch Enteisungsmittel kaum herabgesetzt, die Bremsstrecke nicht oder nur unwesentlich verlängert. Das ist besonders wichtig bei einem eventuellen Startabbruch.

Overrun

24

Wichtig zur Sicherheit

Da eine Piste normalerweise von zwei Seiten anfliegbar ist, befindet sich auch auf beiden Seiten eine Anflugbefeuerung, die knapp vor der Piste endet. Oft sind die Lichter auf Stangen oder Betonsockeln befestigt. Überschießt nun ein landendes Flugzeug das Pistenende, rollt es in diese Anlagen hinein und kommt dann erst richtig zu Schaden. Aus diesem Grund betoniert man am Pistenende noch eine rund 300 Meter lange Fläche als Sicherheitsauslauf.

Eine Landung bei Rückenwind, glatter Piste, schlechter Bremswirkung, verspäteter Schubumkehr führte zu diesem Unfall. Die Crew hätte die Landung bei Rückenwind nicht durchführen dürfen.

Taxiway

25

Im Labyrinth zwischen Terminal und Piste

Taxiways sind Rollwege, die die Pisten mit dem Apron und den Terminals verbinden. Wenn sie parallel zu den Pisten führen und in die Pistenköpfe einmünden, sind sie zwangsläufig gleich lang. Je komplexer das Pistensystem wie zum Beispiel in Chicago O'Hare, umso komplizierter ist die Rollwegführung.

80 x 80 Meter

Sperrige, vollgetankte und vollbesetzte Fluggeräte mit 80 m Spannweite und fast gleicher Länge aneinander vorbei zum Gate oder zur Piste zu jonglieren, erfordert Umsicht und Vorausplanung. Sie dürfen sich nie gegenüberstehen, denn sie haben keinen Rückwärtsgang.

Beispiel Frankfurt am Main: Je wichtiger ein Wirtschaftszentrum, desto zahlreicher die Verbindungen, desto größer die Flugzeuge, desto größer der Platzbedarf.

High Speed Turnoff

26

Nichts wie runter von der Piste!

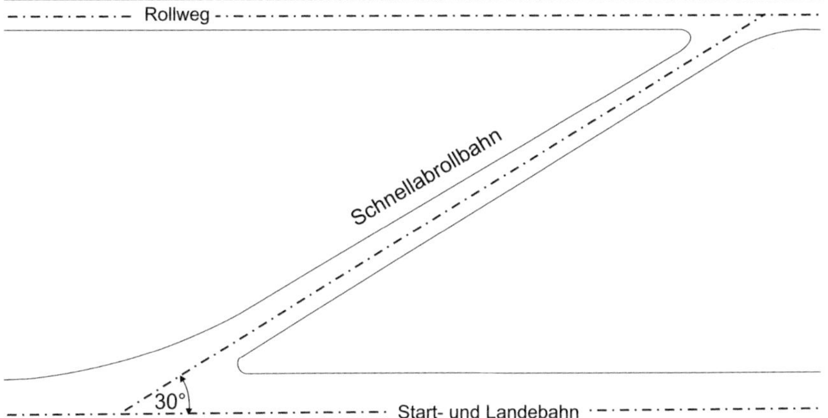

Der 30-Grad-Winkel verhindert, dass das schwere Flugzeug aus voller Landegeschwindigkeit stark abbremsen muss, um eine rechtwinklige Kurve zu fahren. Dies würde den nachfolgenden Verkehr behindern, sei es zum Start oder zur Landung.

Besonders an verkehrsreichen Flughäfen verbindet man die Landebahn durch Schnellabrollwege mit den Taxiways. Die flache 30-Grad-Kurve erlaubt eine Abrollgeschwindigkeit von 93 Stundenkilometern (50 Knoten). Damit wird vermieden, dass Flugzeuge nach der Landung stark abbremsen müssen, um die Piste rechtwinklig zu verlassen. So ist die Runway schneller frei und nachfolgender Verkehr kann entweder landen oder starten. Die diagonal verlaufende Strecke soll aber lang genug sein, dass das abrollende Flugzeug genügend Geschwindigkeit wegdrücken kann, um kontrolliert stoppen oder rollen zu können.

Der Kapazitäts-Booster

Dank dieser Schnellabrollwege erhöht sich die Kapazität einer Start- und Landebahn um schätzungsweise 30 Prozent. Denn kaum ist eine Maschine gelandet, kann sich die nächste zum Start aufstellen.

Waschplatz

27 Stets unterschätzt: ein sauberes Flugzeug

Wie alle Verkehrsmittel, die Umwelteinflüssen ausgesetzt sind, müssen auch Flugzeuge von Zeit zu Zeit gewaschen werden. Niederschlag, Smog, Insekten, Heuschreckenschwärme, Öl, in den unterschiedlichen Luftschichten vorhandener Staub, Regenwasser mit Sand aus der Sahara, salzhaltige Luft an Flughäfen in Meeresnähe hinterlassen Spuren an der Flugzeughaut, die Luftwiderstand erzeugen und den Treibstoffverbrauch erhöhen. Vor allem aber ist es nicht sehr vertrauenerweckend, in ein Flugzeug zu steigen, das scheinbar nur von Dreck zusammengehalten wird, wie es in Afrika oft den Anschein hat. Auf den meisten Flughäfen werden die Flugzeuge von Hand mit Hebebühne, Wasser, Wischmopp und Seife gewaschen, ein Knochenjob. An anderen Airports nutzt man die Fahrzeuge, die im Winter das Flugzeug mit Enteisungsmittel besprühen. In jedem Fall wird das Wasser unterirdisch aufgefangen, gefiltert und recycelt, damit es nicht ins Erdreich läuft. Es geht aber nicht nur darum, einmal mit dem Kärcher über die Maschine zu gehen, Fachkenntnis gehört auch dazu. So ein Flugzeug hat an seiner Außenhaut Sensoren, feine bewegliche Teile, kleine Öffnungen, die Temperatur, Luftdruck und Strömungsgeschwindigkeit messen. Die müssen besonders sorgfältig behandelt werden.

Tokio Narita hat übrigens derzeit die weltweit einzige vollautomatische Flugzeugwaschanlage.

Wegen des hohen Salzgehalts in der Luft baute die USAF auf der Insel Okinawa eine Flugzeugwaschanlage. Auch in Tokio Narita gibt es eine automatische Waschanlage.

Beschilderung

28

Schilderwald in Grasnabenhöhe

Je weitläufiger ein Flughafen, desto deutlicher und lückenloser muss die Beschilderung sein. Die Wegweiser müssen auch bei Nebel sichtbar sein, sie müssen den ausgedruckten oder elektronisch im Cockpit vorhandenen Dokumentationen entsprechen.

Je komplexer ein Flughafen, umso verwirrender scheint das Labyrinth von Rollwegen, Shortcuts, Verbindungsflächen und Parkflächen zu sein, besonders nachts. Dabei ist es bereits am Tag für die Besatzungen nicht ganz einfach, den richtigen Weg zur Piste, oder nach der Landung zum vorgesehenen Abstellplatz oder zum richtigen Gate zu finden. »Taxi Holding Position LIMA 6 for Runway 23 Left via Taxiway ›Alfa‹, ›Charlie‹ and ›Golf‹«, könnte die Freigabe des Rolllotsen gelautet haben, eventuell gefolgt mit der Auflage, erst nach der von rechts kommenden A321 loszurollen und vor der Kreuzung mit einem weiteren Rollweg oder gar einer anderen Piste anzuhalten, um dort für eine weitere Freigabe nachzufragen.

So stellt sich für die Cockpitcrew die Frage, wie sie denn nun von ihrem Abstellplatz oder Flugsteig zur Rollbahn »Alfa« kommen kann und vor allem, wie sie erkennen kann, dass es sich hierbei um »Alfa« und nicht um »Bravo« oder gar um »Echo Three« handelt.

Dabei ist es ähnlich geregelt wie im Straßenverkehr. Auch auf einem Flughafen gibt es Gebots- bzw. Verbotszeichen sowie Hinweistafeln. Und diese zeigen an, in welche Richtung man rollen soll oder wo man ohne eine

Rollfeldbeschilderung in Amsterdam, einem Großflughafen mit sechs Pisten und acht Flugsteigen. Der Airport liegt 3 m unterhalb des Meeresspiegels und wird häufig von Nebel bedeckt. Eine deutliche Ausschilderung ist daher ausschlaggebend für die Sicherheit.

entsprechende Freigabe des Ground oder Apron Controllers nicht weiterrollen darf.

Sogenannte Standortzeichen zeigen in gelber Schrift auf schwarzem Grund an, wo man sich gerade befindet. Die Wegweiser oder Zielzeichen, die den Piloten zeigen, wo´s lang geht, sind in schwarzer Schrift auf gelbem Grund ausgeführt. Gebots- oder Verbotszeichen sind in weißer Schrift auf einem roten Schild gestaltet. Sie bezeichnen zum Beispiel die Einmündungen der Rollbahnen in die Piste(n) oder den sogenannten Rollhalt, also den Ort, an welchem die Besatzung ohne entsprechende Freigabe durch den Tower anhalten muss. Die Entfernung des Rollhalts von der Piste ist abhängig, ob an dem Flughafen gerade der sogenannte »Allwetterbetrieb« (CAT I, II oder III) abgewickelt wird.

Die meisten Schilder sind nachts und bei schlechtem Wetter entsprechend aktiv oder passiv beleuchtet. Unerleuchtete sind zumindest aus reflektierendem Material hergestellt, so dass sie durch die Landescheinwerfer gut zu erkennen sind. All diese Schilder sind sehr bodennah aufgestellt, damit die weit ausladenden Triebwerksgondeln unter den Tragflächen darüber hinweg gehen. Das wiederum bedingt, dass das Gras davor regelmäßig kurzgehalten werden muss. Eine Aufgabe für den Flughafenlandwirt.

Grünflächen

29

Wichtig fürs Mikroklima

Selbstverständlich darf man einen Flughafen, der möglichst ökologisch angelegt wird, nicht einfach zubetonieren. Schließlich ringt man der Natur Dutzende von Quadratkilometern ab. Eine lückenlose Asphaltierung bleibt nicht ohne Folgen für das Mikroklima mit all seinen Nachteilen. Je heißer die Luft über dem Beton flimmert, umso länger die Startstrecke für große Flugzeuge, umso höher die Anfluggeschwindigkeit und umso länger der Anhalteweg nach der Landung. Das drückt die mögliche Frequenz von An- und Abflügen. Es birgt außerdem die Gefahr von unberechenbaren Luftströmungen in den niedrigen Luftschichten, Turbulenzen oder gar Microbursts, die ein startendes Flugzeug an den Boden drücken können.

Gras wiederum ist willkommenes Habitat für Kleingetier wie Schnecken, Mäuse, Maulwürfe, Wiesel, die sich problemlos an den Krach der Flugzeuge gewöhnt haben. Sie halten den Boden locker und verbessern den Wasserhaushalt. Aber je höher das Gras, umso mehr bietet es Deckung. Diese Tiere sind nämlich willkommene Beute für Bussarde, Falken, Sperber und andere kleine Greifvögel. Diese wiederum sind eine Gefahr für den Flugverkehr, denn ein Vogelschlag kann Schäden an Triebwerken herbeiführen. Um dem Kleingetier Schutz und Deckung zu bieten, reguliert man die Graslänge. Häufiges Mähen auf den Flughäfen ist also keineswegs eine kosmetische Angelegenheit, sondern sorgt für ein Gleichgewicht der Fauna.

Da auch Wald und Buschwerk innerhalb des Flughafenzauns vorkommen können, leben dort auch Fuchs und Hase, sogar Rehe finden sich immer wieder. Also beschäftigt man auch einen Förster, der für die naturnahe und waidmannsgerechte Balance am und um das Flughafengelände sorgt.

Wo immer es geht, lässt man die Böden unversiegelt. Dem Wasserhaushalt zuliebe.

Flughafenbefeuerung

Die Lightshow am Airport

30

Das Lichtermeer an einem internationalen Großflughafen ist beeindruckend. Tausende von weißen, blauen, grünen, roten und gelben Lampen weisen den Piloten und Bodenfahrzeugen den Weg durch ein Gewirr von Pisten, Rollwegen und Stellflächen. Natürlich sind die Farben international nach Aufgabe und Bedeutung der Lichtsysteme standardisiert. Anflug- und Pistenbefeuerung sind weiß. Sie sind nach bestimmten Mustern angeordnet. Die Gleitwinkelbefeuerung grün/rot oder weiß/rot. An ihr kann ein anfliegender Pilot frühzeitig erkennen, ob er sich auf, über oder unter dem idealen

Gleitpfad befindet. Die Schwellenbefeuerung ist grün, dort erst sollen die Räder aufsetzen. Die Rollwegbefeuerung strahlt blau und ist rundum sichtbar. Die Abstellflächen sind grün oder blau umrandet, die Hindernisbefeuerung ist rot.

Gelbe, blaue oder rote Schilder am Rand von Pisten und Rollwegen, aktiv oder passiv beleuchtet, geben Hinweise zum Terminal oder zur Piste. Wegen der Triebwerksgondeln unter den ausladenden Tragflächen sind sie niedrig gehalten. Vor Einmündungen zu einer solchen Piste gibt es im Boden eingelassene Unterflur-Stoppbalken. Natürlich sind diese signalrot. Hier ein paar Zahlen vom Frankfurter Flughafen: 7000 Lichtpunkte gibt es allein für die Anflug- und Pistenbefeuerung der vier Landebahnen. 20 000 Lichtpunkte werden für die Rollwegbefeuerung gebraucht, die Hindernisbefeuerung fällt mit 270 Lichtpunkten vergleichsweise unspektakulär aus. Dafür werden 1200 Rollweg- und Pistenschilder aktiv beleuchtet, und versehent-

Air Jamaica bei der Landung in Montego Bay. 300 Meter ragt die Anflugbefeuerung ins Meer hinaus. Die Wartung der Befeuerung erfolgt vom Boot aus.

Was anmutet wie die nächtliche Beleuchtung eines Vergnügungsparks, ist das Leitsystem für Piloten aus aller Welt, die sich auch nachts zurechtfinden müssen.

liche Pistenverletzungen verhindern 2300 Lichtpunkte für die Unterflur-Stoppbalken. Etwa die Hälfte aller Lichtpunkte in den Befeuerungssystemen wird durch stromsparende LEDs erreicht. 26 Elektriker halten die Anlagen im Drei-Schicht-Betrieb instand. 4500 Kilometer Kabel (!) versorgen die Befeuerung mit Strom.

An Flughäfen, wo die Anflugbefeuerung ebenerdig in einer hindernisfreien Zone aufgestellt werden kann, ist auch die Wartung einfach. Dort, wo die Piste auf einem Plateau an der Kante zu einem Tal beginnt, sind mitunter aufwendige Stahlkonstruktionen notwendig. Der John-Lennon-Airport in Liverpool ist ebenfalls ein Beispiel, wo eine 500 Meter lange Stahlkonstruktion in den River Mersey hineingebaut wurde, die anfliegende Maschinen auf die Piste 09 führt.

Das gilt auch am Rand einer Küste, wie hier in Montego Bay, Jamaika (!). Zur Wartung fahren die Elektriker mit einem Motorboot hinaus. Badehose, Flossen und Taucherbrille sind dabei ein wichtiges Utensil. Jedenfalls gibt es in der weiten Welt der Luftfahrt Jobs, die könnten auch vergnügungssteuerpflichtig sein!

Die Anflugbefeuerung des John-Lennon-Airports in Liverpool reicht einen halben Kilometer in den Mersey River hinein.

Management

31

Wer macht was?

Die Organisationsverantwortung liegt bei der Geschäftsführung des Flughafens. Kompetenzen, Verantwortlichkeiten und Aufgaben des Managements sind generell durch Gesellschafter festgelegt. In den meisten Fällen ist folgendes Schlüsselpersonal für den Flughafen und seinen laufenden Betrieb zuständig:

Betriebsleiter: Regelbetrieb und Krise

Aufgaben:

- Sicherstellung, dass die notwendigen Mittel verfügbar sind, um den Flughafen gemäß den einschlägigen Anforderungen und dem Flughafenhandbuch zu betreiben
- Sicherstellung, dass im Falle einer Reduzierung der Mittel oder im Falle von außergewöhnlichen Umständen, die sich auf die Sicherheit auswirken können, der Betriebsumfang auf dem Flughafen im erforderlichen Maß reduziert wird

Eine Startbahnsanierung wird bevorzugt nachts durchgeführt. Das geht Abschnitt für Abschnitt, und tagsüber kann sie wieder in ganzer Länge benutzt werden.

Eine kilometerlange Piste nahtlos zu asphaltieren erfordert den Einsatz eines großen Maschinenparks und eine lückenlose Logistik.

- Festlegung der Sicherheitsrichtlinien sowie deren Umsetzung und Förderung
- Einhaltung der entsprechenden einschlägigen Anforderungen, der Zertifizierungsgrundlage sowie des Qualitätsmanagementsystems in Bezug auf Tätigkeiten zur Bereitstellung von Luftfahrtdaten und Luftfahrtinformationen
- Leitung des Flug- und Flughafenbetriebes
- Leitungs- und Führungsfunktion im Notfallmanagement

Leiter Operational Services: verantwortlich für den Routinebetrieb

Aufgaben:

- Vertretung des Accountable Managers bei Abwesenheit
- Leitung des operativen Flug- und Flughafenbetriebes
- Einhaltung der entsprechenden einschlägigen Anforderungen, der Zertifizierungsgrundlage sowie des Qualitätsmanagementsystems in Bezug auf Tätigkeiten zur Bereitstellung von Luftfahrtdaten und Luftfahrtinformationen
- Umsetzung der Sicherheitsrichtlinien sowie deren Förderung
- Leitungs- und Führungsfunktion im Notfallmanagement

Maintenance Manager: funktioniert alles?

Aufgaben:

- Erstellung, Pflege und Umsetzung des Maintenance Programms gemäß EU-Verordnungen

Safety Manager: Sicherheit im Betrieb und am Boden

Aufgaben:

- Bereitstellung von Gefährdungsanalysen, Risikoanalysen und -Management
- Überwachung der Umsetzung und der Funktionsfähigkeit des Sicherheitsmanagementsystems einschließlich der erforderlichen Sicherheitsmaßnahmen
- Management des Sicherheitsmeldesystems für den Flugplatz
- Bereitstellung regelmäßiger Berichte zur sicherheitsbezogenen Leistung
- Sicherstellung, dass die Dokumentation des Sicherheitsmanagements gepflegt wird
- Sicherstellung, dass Schulungen im Sicherheitsmanagement verfügbar sind und diese annehmbaren Standards entsprechen

Die Logistik einer Pistensanierung, das Ineinandergreifen der Maschinen, das zeitgerechte Nachführen des Baumaterials ist spektakulär.

Asphaltierungen und Sanierungen der Betriebsflächen während der Flughafen unter Volllast läuft, wie hier in Köln, sind ein Kraftakt für Planung und Organisation durch das Flughafenmanagement. Die Unternehmensgruppe Heitkamp in Herne hat sich auf solche zeitkritischen Mammutprojekte spezialisiert.

- Beratung in Sicherheitsfragen
- Initiierung von und Teilnahme an internen Nachforschungen zu Störungen/Unfällen

EASA Compliance Manager: Überwachung der Flugsicherheit

Aufgaben:

- Weiterführung des EASA-Change-Managements
- Überwachung im Rahmen des EASA-Compliance-Managements, Einhaltung der EASA-Standards
- Vorantreiben der systematischen Dokumentation innerhalb der EASA-Datenbank
- Begleitung der Aktualisierung der Betriebshandbücher des Flughafenbetreibers – Aerodrome Manual, Flughafenbenutzerordnung, Operation Manuals – sowie weiterer Materialien mit Bezug zum Sicherheitsmanagement
- Unterstützung der Weiterentwicklung des Safety-Management-Systems
- Planung und Durchführung der Safety- und Compliance Audits
- Teilnahme an Sitzungen des Safety Committees

Beauftragungen

Außerdem gibt es mehrere ständige Beauftragte, die eine hohe Spezialisierung erfordern, wie zum Beispiel Gefahrgut, Strahlenschutz, Bergung von Luftfahrzeugen oder Winterdienst.

Steering Comitees

32

Mängel und Verbesserungen

Die Mitglieder der einzelnen Komitees dienen als Expertenteam zur Vorfalluntersuchung und beschließen Empfehlungen. Die Komitees koordinieren und fördern den Informationsaustausch und die gemeinschaftliche Untersuchung von Ereignissen, schweren Störungen und Unfällen.

Apron Safety Committee (ASC)

Teilnehmer: Airlines/Abfertigungsagenten, Bodenverkehrsdienstleister, Zoll, Bundespolizei, Deutsche Flugsicherung, Frachtabfertiger, Tankgesellschaften, zuständige Aufsichtsbehörde
Inhalte: Besondere Vorkommnisse, Schwerpunktthemen, Vorfälle/Unfälle, Zulassungskriterien, Verkehrsregeln, sicherheitsrelevante Belange, Neuerungen, Unfallstatistiken, Fehlverhalten etc., Adverse Weather Operation; FOD; Winterdienst; Wildlife Management

Runway Safety Committee (LRST)

Teilnehmer: Vertreter der Flugsicherung: Schichtleiter, Sachbearbeiter, Towerlotse, Vertreter des Flughafenbetreibers: Vorfeldkontrolle, Vertreter Abteilung Safety and Health, Vertretung der Luftfahrzeugbetreiber – Piloten,Vertreter der zuständigen Aufsichtsbehörde
Inhalte: Funksprechverfahren, ICAO-Verfahren, Betriebsverfahren, luftverkehrsbezogene Kommunikation, Erarbeitung von Verfahren und deren Umsetzung (Beratung, Beschluss, Prüfung und Umsetzung); Adverse Weather Operation; FOD; Runway Incursion und Excursion; Winterdienst; Wildlife Management

Ein Runway Safety Team gibt es an jedem deutschen Verkehrsflughafen. Das Gremium berichtet in das Safety Panel der nationalen Flugsicherungsbehörde.

Expertenrat

In den Steering Committees wird die eigentliche Facharbeit gemacht. Hier sitzen erfahrene Experten, diskutieren Probleme, erörtern mögliche Lösungen, spüren Schwachstellen auf und unterbreiten den Fachgruppen Vorschläge.

Im Interesse, realitätsnahe Situationen durchzuspielen, wird mit Feuer gearbeitet, Statisten werden geschminkt, Verletzungen simuliert, Chaos erzeugt. Manche Statisten geben sich schwierig, andere apathisch, wieder andere unkooperativ.

Emergency Committee

Verantwortung: Flughafenfeuerwehr

Turnus: Regelmäßig sowie anlassbezogen

Teilnehmer: Abteilung Safety and Health, Flughafenfeuerwehr, Betriebsleitung inkl. Aviation, Airport-Security, Terminalservice, Marketing

Inhalte: Auswertung von Alarmereignissen, Nachbesprechung von Einsätzen, Auswertung von Unfällen auf anderen Flughäfen, Austausch sicherheitsrelevanter Erkenntnisse, Vorbereitung und Auswertung von Notfallübungen

Safety & Compliance Review Board

Verantwortung: Verantwortlicher Betriebsleiter

Teilnehmer: Flughafenbetreiber, Aviation-, Flughafenfeuerwehr-, Security-, Compliance-, Infrastructure-, Health & Safety-Management

Inhalte: Das Review Board hat die Aufgabe, die strategische Ausrichtung des Flughafenbetreibers zu luftseitigen Health- & Safety-Prozessen einschließlich der Luftverkehrssicherheit zu überwachen und zu steuern.

Flugsicherung

33

Manager der dritten Dimension

Die Welt und ihre Staaten sind in Fluginformationsgebiete aufgeteilt, in denen die nationalen Verkehrsministerien und ihre Flugsicherungsorganisationen die Hoheit haben. Sie sind für die Gliederung der Lufträume verantwortlich und organisieren die Kontrolle des fliegenden Verkehrs durch Fluglotsen an den Flughäfen, im unteren und im oberen Luftraum.

Die überregionale Flugsicherung gliedert sich auf in den unteren Luftraum bis 24 500 und den oberen Luftraum zwischen 24 500 und 66 000 Fuß. Darüber ist der Luftraum unkontrolliert. Im unteren Luftraum gibt es regionale Luftraumklassen besonders um militärische und zivile Flughäfen herum, um An- und Abflüge zu schützen. Die Anflugkontrolle für die 14 verschiedenen Flughäfen in Deutschland wird aus einer Kontrollzentrale gesteuert. Dorthin werden auch die Radardaten in Echtzeit übertragen und sichtbar gemacht. So werden zum Beispiel Flugzeuge, die in Stuttgart landen wollen, von einem Arbeitsplatz in Langen bei Frankfurt kontrolliert. Der Arbeitsplatz daneben steuert womöglich Dresden oder Köln-Bonn.

Als wissenschaftlich anerkannten Prototyp des Gestressten lässt ein Psychologieprofessor und Stressforscher an der Uni Lüneburg allenfalls den Fluglotsen gelten. Dabei fühlen sich diese Frauen und Männer bei der Arbeit wohl wie Fische im Wasser.

Slots

34 Vorsortierung der kontinentalen Luftstraßen

Slots sind 15-minütige Zeitfenster, innerhalb derer ein Flugzeug starten soll. Sie werden vor allem auf hochfrequentierten Flughäfen eingerichtet, während sie auf verkehrsberuhigten Airports eigentlich überflüssig sind. Nehmen wir als Beispiel Verona in Italien mit einem Jahresaufkommen von 1200 Starts. Das sind ungefähr vier Flüge pro Tag. Diese wird man wohl kaum entzerren müssen. Atlantas Hartsfield-Jackson Airport hingegen hatte im Jahr vor Corona 750 000 Starts auf seinen fünf Pisten. 2000 Starts pro Tag. Dort herrscht ein gnadenloses Slot-Regime, das nur durch toleranzfreie Einhaltung der ausgehandelten oder zugewiesenen Zeitfenster eingehalten werden kann. Schließlich müssen auch Landungen ermöglicht werden, da sonst Umweltbelastungen durch Warteschleifen und Verspätungen auftreten würden.

Überregionale Vorausplanung

Bei der Zuteilung von Airport-Slots sind viele Faktoren zu berücksichtigen: Wie viele Flüge sind für ein Städtepaar pro Tag vorgesehen? Unter wie vielen Fluggesellschaften müssen die möglichen Startzeiten aufgeteilt werden? Wie lang ist die Strecke? Gibt es am Zielflughafen ein Nachtflugverbot? Wie sind die Abfertigungskapazitäten, die Flugsicherungskapazitäten? Besteht die Notwendigkeit für Zubringerflüge? Wie sind die Umsteige- und Gepäcklaufzeiten? An stark frequentierten Flughäfen haben es neue Bewerber schwer, denn zuerst werden die Wünsche der Airlines berücksichtigt, die bereits Slots besitzen. Manchmal kann es sich für eine Fluggesellschaft lohnen, eine ganze Airline zu kaufen, damit man ihre Slots nutzen kann. Es gibt nämlich in der europäischen Airline-Industrie einen Faktor, der den gesamten Markt verzerrt: London-Heathrow. Der Flughafen platzt aus allen Nähten, kann aber derzeit nicht erweitert werden. Das treibt den Wert der Slot-Paare in die Höhe. Sollte nämlich eine Airline mangels Passagieren 20 Prozent ihrer Flüge – oder mehr – stornieren, verliert sie diese Slots. Diese sind aber so hoch begehrt, dass sie mit über 30 Millionen Euro gehandelt werden. Um diese Slots zu sichern, schicken manche Airlines schon mal sogenannte Ghost Flights in die Luft. Flüge mit einer Handvoll Passagieren auf irgendeiner Kurzstrecke. Das ist noch allemal billiger, als die Slots zu verlieren. Als der italienische Staat händeringend einen Käufer für die bankrotte Alitalia suchte, da war ihr wichtigstes

Es war ein weiter Weg von der ebenerdigen »Luftaufsichtsbaracke« zum modernen Kontrollturm hoch über dem Flughafen, geräumig, schallgeschützt, klimatisiert, mit goldbedampften Scheiben. Doch auch dieser Arbeitsplatz wird an weniger frequentierten Flughäfen nach und nach von einem zentralen Arbeitsplatz irgendwo in Deutschland dank Videoüberwachung übernommen.

Asset nicht etwa die Flugzeuge, die Liegenschaften oder das Personal; es waren die Slots in London-Heathrow! So brachte der Kauf der britischen bmi für ca. 400 Millionen Euro der Lufthansa nicht nur 70 Flugzeuge, sondern auch eine hübsche Mitgift: 11 Prozent der Heathrow-Slots. Deren Wert betrug etwa 900 Millionen Euro.

Es gibt aber noch einen Faktor, der die Startfenster beeinflusst. Zurück nach Verona. Dort ist also nicht das Gedränge am Boden ein Problem, sondern das Gedränge in der Luft. Denn alle gestarteten Maschinen müssen in den fließenden Verkehr eingefädelt werden. Der Verkehr, der nordwärts geht, muss auch zügig in größere Höhen steigen, um über die Alpen zu kommen. Und diese Luftstraßen sind schon mit Flugzeugen belegt, die zwischen Nord- und Südeuropa, oder zwischen West- und Osteuropa unterwegs sind. Wenn also der Ferienflieger von Dublin nach Korfu um 10 Uhr starten will, kann das Einfluss auf das Zeitfenster eines Fluges haben, der 2 Stunden später von Verona nach Brindisi will. Eurocontrol betreibt zu diesem Zweck in Brüssel eine zentralisierte Verkehrsflusssteuerung (*Directorate Network Management*).

Luftraum

35 Ein staatenübergreifendes Kontinuum

Die ICAO hat eine Luftraumstruktur festgelegt und unterschiedliche Luftraumklassen definiert, aus denen sich die Mitgliedstaaten die für sie günstigsten aussuchen konnten. Die Luftraumklassen werden mit den Buchstaben A (Alpha) bis G (Golf) bezeichnet. Innerhalb dieser Lufträume herrschen unterschiedliche Regime (Bedingungen), wie Höchstgeschwindigkeiten, Mindestsichtweiten, Erdsicht und Mindestabstand zu Wolken. Die Lufträume können ineinander verschachtelt, nebeneinander oder übereinander angeordnet sein. Die wesentlichste Unterscheidung erfolgt durch die Art der Kontrolle dieser Lufträume, die von rigoros (A) bis unkontrolliert (G) reicht. So kann im Luftraum A nur Instrumentenflugverkehr (IFR) durchgeführt werden, während im Luftraum B auch Sichtflugverkehr (VFR) erlaubt ist. In beiden Fällen sind jedoch Flugverkehrskontrollfreigaben erforderlich, und die Flüge sind untereinander und gegeneinander zu staffeln. In Deutschland, Österreich und in der Schweiz gibt es diese beiden Luftraumklassen nicht.

In Deutschland, Österreich und in der Schweiz ist fast der gesamte Luftraum zwischen FL 100 (in Alpennähe ab FL 130) und FL 660 als Airspace C klassifiziert.

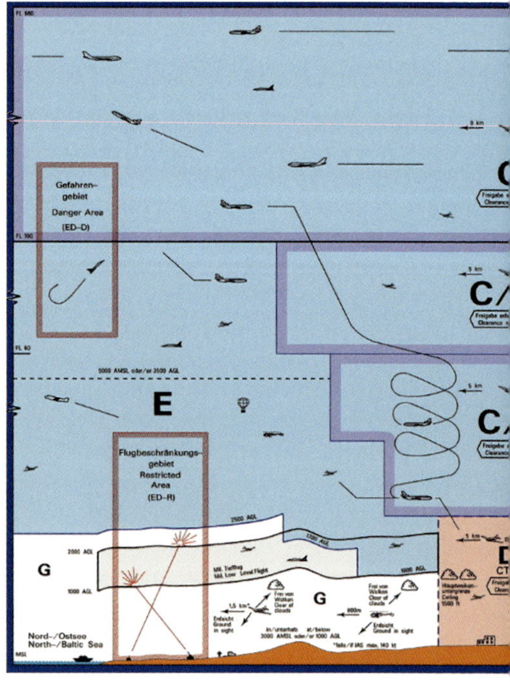

Schema der verschiedenen Luftraumklassen

Hier handelt es sich um einen kontrollierten Luftraum, in dem Instrumenten- und Sichtflugverkehr erlaubt ist. Flugverkehrskontrollfreigaben sind erforderlich. Flüge nach Instrumentenflugregeln (IFR-Verkehr) wird zu anderem IFR-Verkehr und zu Sichtflügen (VFR-Verkehr) gestaffelt. VFR-Verkehr erhält nur Verkehrsinformationen über anderen VFR-Verkehr. Im Umgebungsbereich von Verkehrsflughäfen reicht er bis zur Flughafenkontrollzone hinab. VFR-Flüge müssen als Controlled VFR (CVFR) durchgeführt werden. Minima für VFR-Flüge: vertikaler Abstand zu Wolken 1000 ft, horizontal 1,5 Kilometer, Flugsicht 5 Kilometer (über FL 100 = 8 km).

Im Maastricht Upper Area Control Center (MUAC) von Eurocontrol werden verschiedene Sektoren über Deutschland und Benelux kontrolliert.

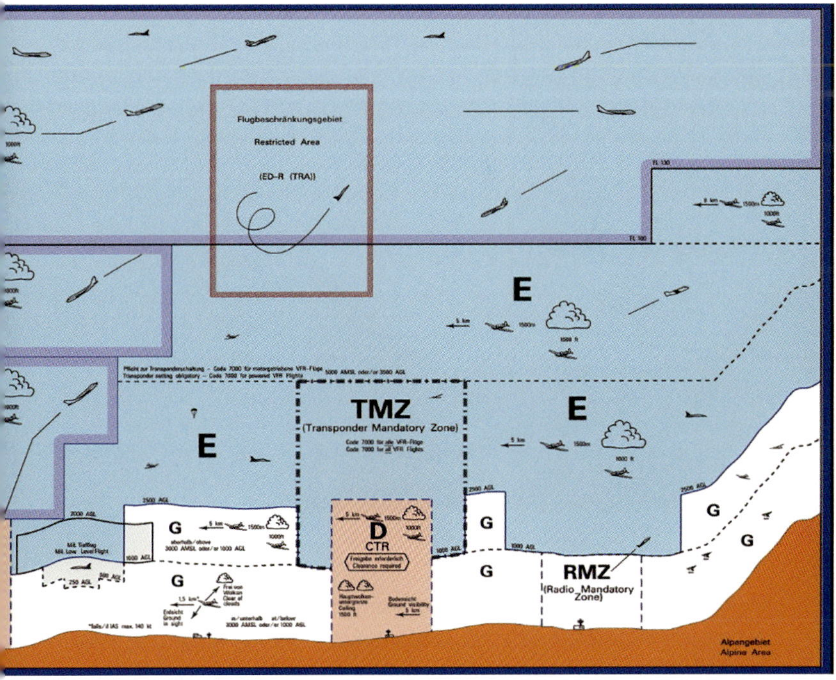

Anflugverfahren

Sicherheit aus dreidimensionalen Trapezen

36

Würde sich der Flugsicherungsdienst allein auf die Radarführung abstützen, würde es reichen, eine Minimum Radar Vectoring Altitude festzulegen. Man könnte dann im zur Verfügung stehenden Luftraum im 1000-Fuß-Vertikalabstand Flugzeuge darüber stapeln und munter darauf los fuhrwerken.

Da aber für jeden Verkehrsflughafen ein System von Anflugverfahren für jede Piste, für jede Landerichtung, für unterschiedliche Flugzeugklassen, für unterschiedliche Navigationshilfen und für unterschiedliche Initialhöhen nach komplizierten Verfahren berechnet werden müssen, erfordert dies einen enormen Planungs-, Prüfungs- und Publikationsaufwand. All diese Anflugverfahren müssen nämlich auch bei Funkausfall ohne Unterstützung durch die Flugsicherung vom Piloten selbst geflogen werden können, und alle Beteiligten müssen dabei genau wissen, was der Pilot ohne Funk als Nächstes machen wird. Damit das Flugzeug auch bei schlechtem Wetter im letzten Segment vor der Landung nicht Gefahr läuft, mit irgendwelchen Hindernissen zu kollidieren, werden bei der Konstruktion der Verfahren dreidimensionale Trapeze berechnet, die den mittleren Flugweg schützen und nach außen noch immer Hindernisfreiheit garantieren. Die dazu benötigten Formeln berücksichtigen sogar einen Aufschlag für die baumspezifische jährliche Wuchshöhe von Wäldern! Da ein Anflug mitunter auch in ein Durchstartverfahren übergehen kann, gehört zu jedem Anflug und jeder Piste ein Fehlanflugverfahren, das nach denselben Kriterien berechnet wird.

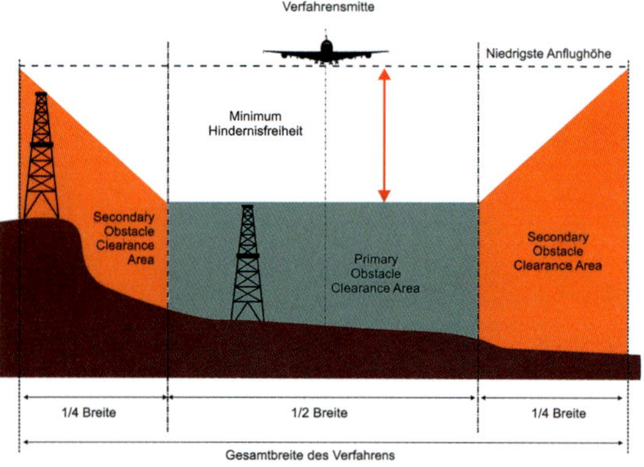

Für die einzelnen Segmente eines Instrumentenan- oder abflugverfahrens wird die erforderliche Minimum Obstacle Clearance Area festgelegt. Sie wird mit dreidimensionalen Trapezen errechnet.

INSTRUMENT APPROACH
CAT. A B C D
APT EL : 1708, TDZE : 1658

NATO TERPS

SARAJEVO (LQSA)
VOR/DME TO ILS/DME 4 RWY 12
MISSED APPROACH 4.0% 5.0%

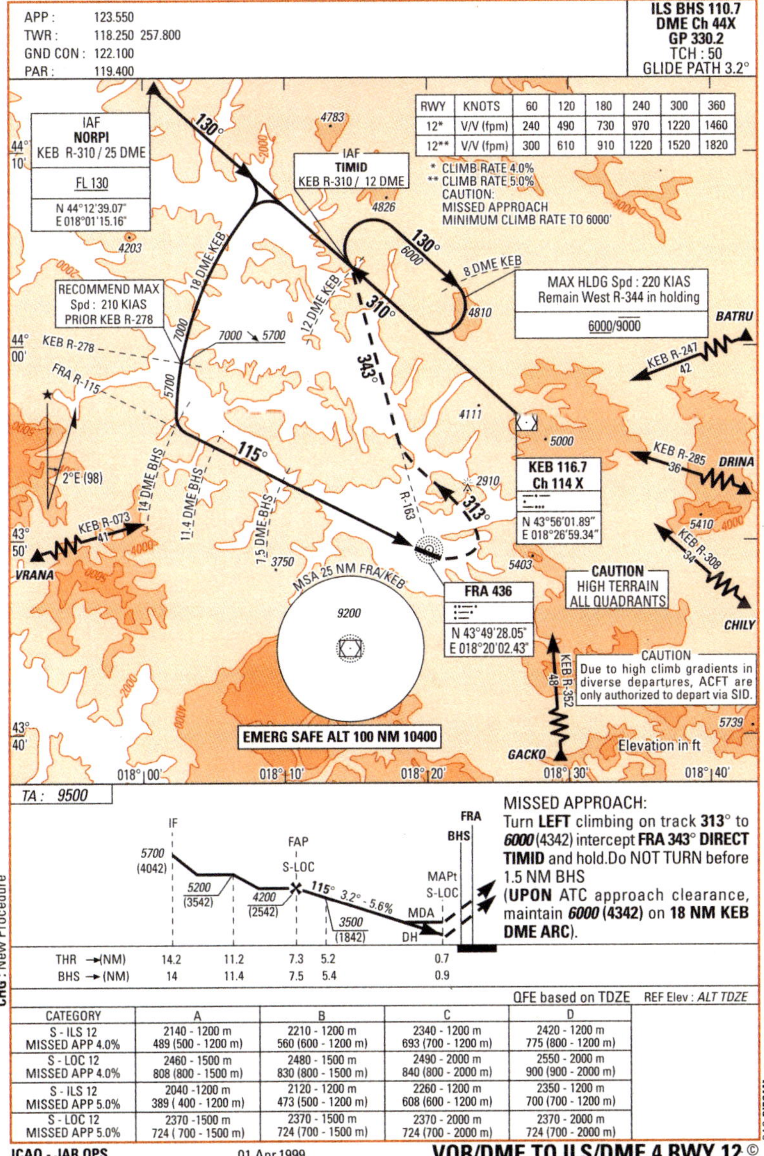

APP : 123.550
TWR : 118.250 257.800
GND CON : 122.100
PAR : 119.400

ILS BHS 110.7
DME Ch 44X
GP 330.2
TCH : 50
GLIDE PATH 3.2°

RWY	KNOTS	60	120	180	240	300	360
12*	V/V (fpm)	240	490	730	970	1220	1460
12**	V/V (fpm)	300	610	910	1220	1520	1820

* CLIMB RATE 4.0%
** CLIMB RATE 5.0%
CAUTION:
MISSED APPROACH
MINIMUM CLIMB RATE TO 6000'

MISSED APPROACH:
Turn **LEFT** climbing on track **313°** to ***6000*** (4342) intercept **FRA 343° DIRECT TIMID** and hold. Do NOT TURN before 1.5 NM BHS
(**UPON** ATC approach clearance, maintain ***6000*** **(4342)** on **18 NM KEB DME ARC**).

THR → (NM)	14.2	11.2	7.3	5.2	0.7
BHS → (NM)	14	11.4	7.5	5.4	0.9

QFE based on TDZE REF Elev : *ALT TDZE*

CATEGORY	A	B	C	D
S - ILS 12 MISSED APP 4.0%	2140 - 1200 m 489 (500 - 1200 m)	2210 - 1200 m 560 (600 - 1200 m)	2340 - 1200 m 693 (700 - 1200 m)	2420 - 1200 m 775 (800 - 1200 m)
S - LOC 12 MISSED APP 4.0%	2460 - 1500 m 808 (800 - 1500 m)	2480 - 1500 m 830 (800 - 1500 m)	2490 - 2000 m 840 (800 - 2000 m)	2550 - 2000 m 900 (900 - 2000 m)
S - ILS 12 MISSED APP 5.0%	2040 -1200 m 389 (400 - 1200 m)	2120 - 1200 m 473 (500 - 1200 m)	2260 - 1200 m 608 (600 - 1200 m)	2350 - 1200 m 700 (700 - 1200 m)
S - LOC 12 MISSED APP 5.0%	2370 -1500 m 724 (700 - 1500 m)	2370 - 1500 m 724 (700 - 1500 m)	2370 - 2000 m 724 (700 - 2000 m)	2370 - 2000 m 724 (700 - 2000 m)

CHG : New Procedure

DAO-DIRCAM

Abflugverfahren

So wenig Lärm wie möglich

37

Für die Abflugverfahren gilt das gleiche wie für alle Flugverfahren in Flughafennähe. Auch hier muss Hindernisfreiheit gewährleistet sein, zusätzlich muss ein möglicher Triebwerksausfall mit der gefahrlosen Möglichkeit der Rückkehr zum Flughafen berücksichtigt werden.

Es reicht also keinesfalls, einfach ein paar Striche auf eine Karte zu zeichnen, die möglichst viele Ortschaften umgehen. Die Verfahrensplaner vermeiden selbstverständlich wo immer es geht den Überflug von Städten und Ortschaften, Kurorten, Freilichtbühnen, Industrieanlagen und Kernkraftwerken, Tierzuchten und Krankenhäusern. Sie berücksichtigen Steig-, Sink- und Kurvenraten. Aber irgendwann müssen Kompromisse zwischen der navigatorischen Ideallinie, den Leistungsdaten der Flugzeuge und den unterschiedlichen Interessen der Anwohner getroffen werden. Und eine Sache darf niemals Gegenstand eines Kompromisses sein, die Sicherheit.

Geradezu lächerlich mutet es an, wenn ein Bundesland einem benachbarten deutschen Flughafen gleichsam die Überflugrechte verweigert. Dergleichen ist man von Nordkorea gewohnt, aber nicht von einem europäischen Mitgliedsstaat, und schon gar nicht von einem innerdeutschen Bundesland!

INSTRUMENT DEPARTURE
CAT. A B C
APT EL : 156

NATO TERPS

MOSTAR (LQMO)
NERRA 2 / VELIT 2 / VRANA 2

DEPARTURE ROUTE DESCRIPTION

NERRA 2 Departure

Climb on RWY heading.
AFTER END OF RUNWAY, when passing *580* (406), turn right on track 198° to intercept DNC course 168 inbound.
Cross DNC at or above *2650* (2459) and turn right on DNC course 214 direct NERRA then as cleared by ATC.

VELIT 2 Departure

Climb on RWY heading.
AFTER END OF RUNWAY, when passing *580* (424) turn right on track 198° to intercept DNC course 168 inbound.
Cross DNC at or above *2650* (2494) and turn right on track 326° to intercept DNC course 296 outbound direct VELIT then as cleared by ATC.

VRANA 2 Departure

Climb on RWY heading.
AFTER END OF RUNWAY, when passing *580* (424), turn right on track 198° to intercept DNC course 168 inbound.
Cross DNC at or above *2750* (2594) and turn right on track 009° to intercept DNC course 339 outbound direct VRANA then as cleared by ATC.

CHG : APT EL

ICAO 01.Apr.1999 **NERRA 2 / VELIT 2 / VRANA 2** ©

Abflugverfahren aus dem Talkessel bei Mostar, Bosnien-Herzegowina.

MOSTAR APP 122.700
MOSTAR TWR 122.100 124.200 257.800

TA : 9500

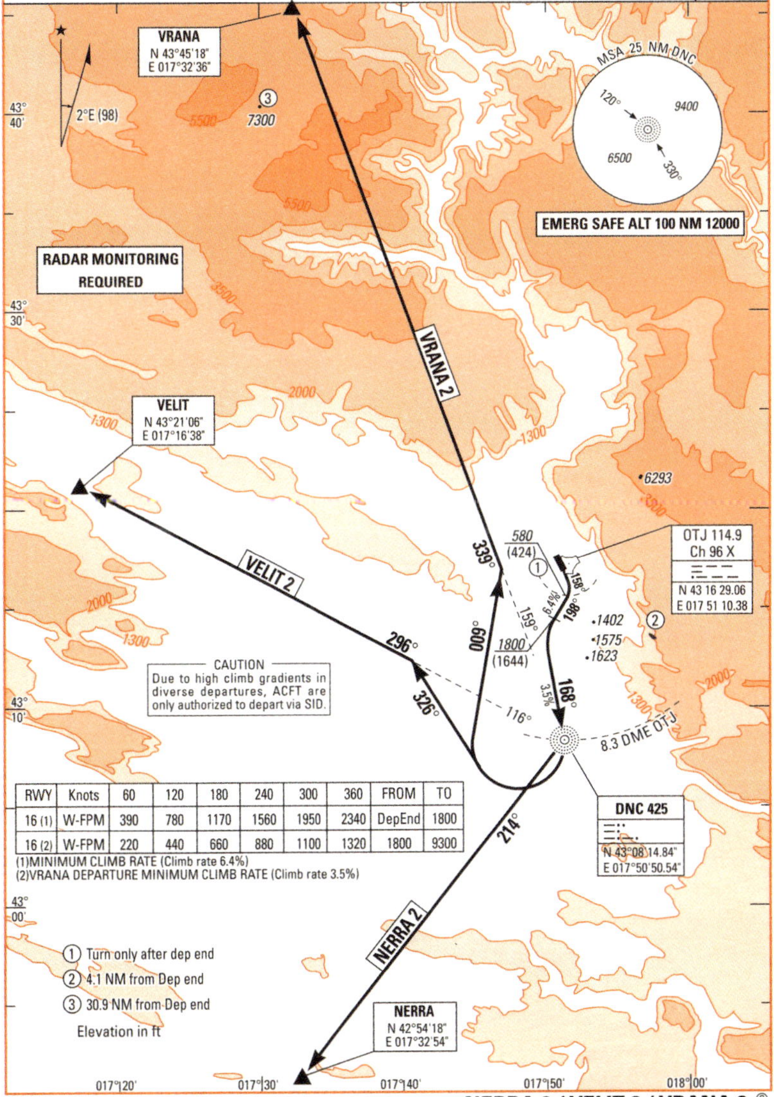

RWY	Knots	60	120	180	240	300	360	FROM	TO
16 (1)	W-FPM	390	780	1170	1560	1950	2340	DepEnd	1800
16 (2)	W-FPM	220	440	660	880	1100	1320	1800	9300

(1)MINIMUM CLIMB RATE (Climb rate 6.4%)
(2)VRANA DEPARTURE MINIMUM CLIMB RATE (Climb rate 3.5%)

① Turn only after dep end
② 4.1 NM from Dep end
③ 30.9 NM from Dep end
Elevation in ft

Fluglotsen

38

Nur sichtbar, wenn sie gerade streiken

Ohne die Fluglotsen ginge an den Airports und im Luftverkehr gar nichts. Bei täglich bis zu 8000 Flügen am Himmel allein über Deutschland ist Koordination gefragt. Die Fluglotsen sind in diesem System die Choreographen des Luftraums, die cool agierenden Manager der dritten Dimension. Ohne ihr Einverständnis darf im kontrollierten Luftraum kein Pilot die Höhe oder den Kurs seiner Maschine ändern.

»Es ist ein Stressjob, da gibt es gar keinen Zweifel«, schlussfolgerte ein Psychologe nach einer ausgedehnten Untersuchung dieses Berufes in den USA. »Es mag vielleicht aussehen wie ein Videospiel«, erzählt ein Fluglotse in New Jersey, »aber bis jetzt habe ich noch keinen Reset-Button gefunden. Vielleicht hat man sogar mal 59 Minuten Langeweile, dann aber folgt eine Minute blanker Terror. Und diese eine Minute kann dich und den Rest deines Lebens zerstören.«

Stressforscher lieben Fluglotsen

Auch in Deutschland wurde der Beruf über viele Jahre hinweg von einem zehnköpfigen Team in allen Aspekten beleuchtet. Das führte zu Erkenntnissen, die jeder Controller irgendwie spürte, die ihm aber nicht bewusst waren. Das Management erhielt Aufschlüsse, die helfen sollen, den Verschleiß des Personals zu verhindern.

Psychologen gegenüber verhält sich ein Controller sehr vorsichtig. Die Angst, plötzlich »untauglich« geschrieben zu werden, ist nicht von der Hand zu weisen. Andererseits sind dieselben Fluglotsen überhaupt nicht abgeneigt, ihren Job einem Psychologen gegenüber, so sie denn zu ihm einmal Vertrauen gefasst haben, in allen dramatischen Nuancen zu beschreiben. Es ist der stumme Hilfeschrei: »Hier, tu mal was für uns! Schreibe auf, was wir für einen Job haben, vielleicht bessert sich was an unseren Arbeitsbedingungen!« Man wird jedoch kaum einen Flugsicherer treffen, der rundum zufrieden mit seinem Arbeitsplatz ist. Es gibt ständig etwas zu verbessern, und diese Improvements kosten natürlich bei der Komplexität des Systems eine ordentliche Stange Geld.

Positiv, stressresistent, ruhig aber reaktionsschnell, vorausschauend, verantwortungsbewusst und freundlich. Das sind typische Eigenschaften eines Fluglotsen.

Was sind das für Menschen, die sich Tag für Tag dieser Herausforderung unterziehen? Nun, der »lonesome Cowboy« ist bestimmt nicht gefragt. Es sind ganz gewöhnliche Menschen, keine Helden, die Freude an ihrem nicht ganz alltäglichen Job haben. Sie werden anständig bezahlt, damit sie in außergewöhnlichen Situationen auch außergewöhnlich reagieren, wenn die Nummer zwölf im Holding einen Passagier mit Herzinfarkt meldet, oder eine andere Rauch im Cockpit hat. Oder wenn ein windgetriebener Fesselballon den Endanflug dichtmacht, oder einer Maschine das Fahrwerk einknickt. Und man sieht ihnen den Stolz über eine gemeisterte Situation durchaus an.

Hier herrscht schon längst Gleichberechtigung von weiblichen und männlichen Lotsen, sowohl bei der Wertschätzung als auch beim Gehalt.

Fluglotsen sind ein eng zusammengeschweißter Haufen, eine verschworene Gemeinschaft, die gegen Angriffe von außen zusammenhält. Eine der wichtigsten Eigenschaften ist die Teamfähigkeit, die Bereitschaft, Verantwortung zu übernehmen und zu tragen. Dieses Bewusstsein hat eine katalytische Wirkung. Das gegenseitige Verständnis, das Sich-Aufeinander-Verlassen-Können ist überlebenswichtig. Man hilft sich gegenseitig, schützt sich, spricht sich aus. Denn niemand sonst, weder die Familie noch der übrige Freundeskreis, würde verstehen, wo ein Controller Tag für Tag durchmuss. Und hat ein Vorgesetzter lange genug an seinem Schreibtisch gesessen und in seinen eigenen Erinnerungen geschwelgt, verklärt sich auch diese, und er verliert den Bezug zur Realität im »Traffic«, zur Schlagzahl, zu den langen Stunden am Board.

Gleichzeitig gibt es jedoch eine subtile Rivalität. Bewusst oder unbewusst der Beste zu sein, den die Fliegerei jemals erleben durfte, ist für jeden selbstsicheren Controller eine Selbstverständlichkeit. Ein bisschen Macho, ein bisschen Masochist, ein bisschen Chauvi. Auch die Frauen in der Flugsicherung können sich hier nicht ausnehmen. Fluglotse und Flugkapitän waren in der früheren Macho-Welt die ausgesprochenen Männerberufe, in denen Frauen »einfach nichts verloren hatten«. Mittlerweile gibt es keinen Grund mehr, warum Frauen nicht genau so gut oder besser sein sollten, wie ihre männlichen Kollegen. Die Männer akzeptieren das längst mit Gelassenheit. Und das schafft natürlich Zufriedenheit.

Tower

39

Stress pur. Manchmal.

Der Kontrollturm ist das Nervenzentrum eines Flughafens. Zwar wird der Ablauf des Flugbetriebs durch die Planung der Airlines, das Airport Management und die Verkehrsflusszentrale in Brüssel vorbestimmt, zwar gibt es auf großen Flughäfen auch noch den Verkehrsleiter vom Dienst, der bei unvorhergesehenen Problemen eingreift. Doch sowie ein Pilot die Triebwerke seiner Maschine anlässt, begibt er sich in die Hände der Flugsicherung; und zwar so lange, bis er nach der Landung die Motoren wieder abstellt.

Der Verkehr »auf der Platte«, oder dem Vorfeld, zwischen den Abstellflächen, den Gebäuden und den Gates wird auf großen Flughäfen von einer Vorfeldkontrolle geleitet. Diese kann räumlich, organisatorisch und betrieblich von der Flugsicherung getrennt sein und untersteht dann im Allgemeinen der Flughafenverwaltung. Auf dem Vorfeld ist der Platz beengt, Hunderte von Service-Fahrzeugen flitzen zwischen den Flugzeugen herum, das kann keine Aufgabe für die Flugsicherung sein, die ja den Überblick über Roll- und Flugbewegungen des gesamten Airports haben muss.

Anlass- und Rollfreigaben übernimmt Ground Control. Besonders wenn in Frankfurt mit 25 Left, 25 Center und 25 Right sowie der 18 gearbeitet wird, werden die Rollprozesse immer anspruchsvoller.

Bei der Arbeit im Tower kommt es nun darauf an, die Flugzeuge, egal ob groß oder klein, möglichst zügig und auf möglichst direktem Weg in eine wirtschaftliche Startreihenfolge zu bringen, ohne sie allzu oft anzuhalten. Denn jeder Bremsvorgang bedingt ein erneutes Anrollen, und jedes Anrollen aus dem Stand kostet unnötig Sprit. Das Ausweichen über parallele

Wenn an den Mega Airports die Rush Hour beginnt, ist höchste Konzentration gefordert. Irgendetwas kommt immer dazwischen, was man bisher noch nicht erlebt hat. Da ist Lösungspotenzial gefordert.

Rollwege mit rechtwinkligen Kurven ist nicht erwünscht. Auch wenn es von außen erhaben aussieht, wie ein voll betankter Jumbo scheinbar mühelos um die Ecke rollt, das Walken der 18 Reifen schlägt sich auf ihre Lebensdauer viel dramatischer nieder, als der Kontakt mit der Landebahn beim Aufsetzen mit 260 Stundenkilometern.

Die Reihenfolge der Starts wird durch die von der Brüsseler Flusskontrolle zugewiesenen Zeitfenster, durch die Abflugrichtung, die Abflugstrecke, die Geschwindigkeiten, die Wirbelschleppen bei Großraumflugzeugen und die zugewiesene Ersthöhe bestimmt.

Links Miami Airport, rechts der Tower von Tromsø

Da aber gleichzeitig auch noch Landungen stattfinden, muss der Tower auch hier in Absprache mit der Anflugkontrolle Lücken und Fenster schaffen, die ein ausgewogenes Gleichgewicht an Starts und Landungen ermöglichen.

Weiß man nun, dass besonders bei den knapp kalkulierenden Billigfliegern eine einzige Warteschleife den Ausschlag geben kann, ob der Flug Gewinn oder Verlust einbringt, kann man sich ausmalen, welchem Entscheidungsdruck die Controller ausgesetzt sind. Denn die Airlines sind nicht gewillt, Verzögerungen so einfach hinzunehmen. Das Geschäft ist hart, entsprechend gering ist die Rücksichtnahme auf flugsicherungsbedingte Sachzwänge. Gut nur, dass die Fluglotsen noch immer eine hoheitliche Aufgabe wahrnehmen und nicht bei den Airlines angestellt sind.

Aber mit Starts, Landungen und Rollfreigaben ist der Tower noch lange nicht ausgelastet. Da gibt es Durchflüge und Überflüge von Kleinflugzeugen oder Hubschraubern, die Pipelines, Hochspannungsleitungen oder Autobahnen kontrollieren. Besonders auf den Regionalflughäfen stellen diese ein beträchtliches Maß an Aufkommen dar.

Aufmerksam werden auch die freien Flächen zwischen den Bahnen beobachtet. Denn auf dem eingezäunten, mitunter bewaldeten Areal leben Rehe, Hasen und Kleintiere, die vor ein landendes Flugzeug geraten könnten. Im besten Fall sind sie Beute für Greifvögel, die wiederum für den Flugbetrieb eine ernsthafte Gefahr darstellen.

Alles ist anders, wenn eine Luftnotlage dazwischenkommt. Das wirft alle Planungen über den Haufen. Zwar bricht dann nicht die Hektik auf dem Tower aus, aber der Ton ist schon merklich gespannter. Man ist mit der Feuerwehr in Kontakt und informiert sie über die Maßnahmen, man unterbricht Starts, hält Landungen fern, bis die Lage geklärt ist. In 99 von 100 Fällen verläuft alles ohne weitere Komplikationen. Aber wenn beispielsweise bei der Landung ein Fahrwerk einknickt, dann sind die Folgen für den geregelten Flugbetrieb schon ungleich größer. Dann werden andere Flüge womöglich umgeleitet mit allen Konsequenzen für die Passagiere und ihre Anschlussflüge.

Dies sind dann die Tage, an denen auch dem letzten Neider klar wird, warum Fluglotsen gut bezahlt werden. Denn oft zieht ein scheinbar harmloser Zwischenfall eine ganze Reihe von eskalierenden Ereignissen nach sich. Dann werden die Männer und Frauen im Tower mit Situationen konfrontiert, die sich davor niemand ausdenken konnte.

Kontrolltürme sind weithin sichtbare Wahrzeichen eines Flughafens

Die Konsequenzen einer verweigerten Landegenehmigung auf einem zivilen Airport wiegen schwer. Wenn eine einzige Zubringermaschine mit 200 Passagieren aufgrund hohen Verkehrsaufkommens, schlechten Wetters oder eines Zwischenfalls auf der Piste statt in Frankfurt in Stuttgart landen muss, dann bedeutet das womöglich 200 Bahntickets nach Frankfurt, verpasste Anschlüsse nach Amerika oder Asien, teure Übernachtungen in Airport Hotels und ganz sicher 200 wütende Passagiere und enttäuschte Abholer am Zielflughafen. In der Ferienzeit müssen die Reisenden auf andere, bereits volle Maschinen verteilt werden, die Schockwelle breitet sich aus, als hätte man einen Stein in einen stillen Teich geworfen. Genau dies macht den Druck und die Verantwortung aus: Tag für Tag in einem fragilen Gleichgewicht zu arbeiten, ohne die Sicherheit zu kompromittieren, haarscharf entlang einer bis auf die Sekunde ausgereizten Kapazitätsgrenze des Flughafens zu jonglieren.

1400 Flugbewegungen täglich müssen die Lotsen auf dem Frankfurter Tower abarbeiten, in Stoßzeiten kommen da 90 Starts und Landungen pro Stunde zusammen.

40

Vorfeldkontrolle

Planung und Überblick

Rollverkehr und Flugverkehr sind auf verkehrsreichen oder komplexen Flughäfen meist voneinander getrennt. In Frankfurt und München beispielsweise wird die Vorfeldkontrolle von der Flughafengesellschaft betrieben. Auf weniger komplexen Airports und auf den meisten Militärbasen machen das die Fluglotsen selbst.

Mehr Flugzeuge in der Luft bedeuten aber gleichzeitig mehr Flugzeuge am Boden. Damit auch in Zukunft die Rollverkehrskontrolle ohne Sicherheitseinbußen bei schlechten Sichtverhältnissen und oft komplexen Bahnsystemen zu bewältigen ist, ermutigt die ICAO ihre Mitglieder, Bodenüberwachungsradar einzuführen. Hierbei handelt es sich um Sensoren, die mit einer Datenverarbeitung verknüpft sind und neben der Bodenlagedarstellung die Fahrzeuge am Boden identifizieren können. Neben der Rollführung ist es in der Lage, Konfliktsituationen automatisch zu erkennen. Auf der Anzeige der Lotsen erscheint dann neben dem Rufzeichen und dem

Während die Vorfeldlotsen Dutzende von Flugzeugen zu den Pistenköpfen jonglieren müssen, wollen andere nach der Landung zu ihrem Gate, um Passagiere zu entladen. Es ist ein Mühlespiel mit Flugzeugriesen, bei dem nichts schiefgehen darf. Diese Flugzeuge haben keinen Rückwärtsgang. Sie dürfen sich nie gegenüberstehen.

Fahrzeugtyp bereits die Abflugroute. Das System berechnet Position, Richtung und Geschwindigkeit des Bodenverkehrs und der anfliegenden Luftfahrzeuge im Voraus. Es verwendet die Daten zur Erkennung und Signalisierung von Konfliktsituationen auf der Start-/Landebahn oder zur Überwachung gesperrter Flächen, wie etwa die ILS-Schutzzone. Es können auch Kraftfahrzeug-Identifikationssysteme integriert werden. Derzeit betreibt die DFS Bodenüberwachungs-Radaranlagen an acht deutschen Flughäfen.

Aber Bodenradar hin oder her, man darf die Anforderung an einen Ground Controller nicht unterschätzen. Sie sind in Kontakt mit den Piloten am Gate und müssen ihnen die unangenehme Nachricht verkaufen, dass sie einen Slot erhalten haben, dass sich ihr Startfenster womöglich erst in 2 Stunden öffnet. Dass sie aber die Passagiere bitte an Bord behalten sollen, denn manchmal lässt sich doch noch kurzfristig etwas machen. Aber dann muss sofort mit Pushback und Anlassen begonnen werden.

Selbstverständlich kann man es nicht den Piloten überlassen, wie sie durch das Gewimmel von Bodenverkehr zu ihrem Abstellplatz finden. Zu diesem Mühlespiel mit Flugzeugriesen gehört Vorausplanung, Übersicht, Detailkenntnis in die Abläufe der Flugzeugwartung, Augenmaß und Einfühlungsvermögen. Bereits bei der Anlassfreigabe und dem Pushback wird berücksichtigt, welche Wirbelschleppen-Kategorie der betreffende Flieger verursacht, aber auch welche Richtung das Flugzeug nach dem Start nimmt. Danach wird sich die Roll- und Startreihenfolge richten.

Die Ground-Lotsen manövrieren die Flugzeuge dann durch das Gewirr von Flugsteigen, geparkten Maschinen über das Vorfeld entlang der Rollwege zu den Haltepositionen an den Startbahnen, während sie gleichzeitig die soeben gelandeten Maschinen wieder an die freigewordenen Flugsteige lotsen. Dabei behalten sie den Überblick über das Gewühl von manchmal über 1000 gelb-schwarz oder rot-weiß karierten Fahrzeugen, Bussen, Feuerwehren, BGS-Panzern, Zollfahndern, Gepäckwagen, Catering Trucks, Follow-Me-Fahrzeugen, fahrbaren Gangways, Flugzeugtraktoren und Fußpersonal wie den Einweisern mit den Kellen, die man bisweilen schon mit den Fluglotsen verwechselt hatte.

Die Ground- oder Apron-Controller übernehmen die gelandeten Maschinen von der Flugsicherung und lotsen sie zu ihrem Gate. Sie erteilen auch die Anlassfreigabe und führen sie wieder der Flugsicherung zum Start zu. Ground Controller müssen nicht weniger hochbelastbar sein als die Lotsen im Tower. Vor allem brauchen sie Fingerspitzengefühl und einen guten Schuss Humor, denn oft ist weniger das Handwerkliche gefordert, sondern seine psychotherapeutischen Fähigkeiten, wenn einem Piloten der

Kragen zu eng wird, weil er »nix-wie-weg« will, nach Hause vielleicht, wo er womöglich noch einen Termin bei einem Notar hat oder wo er zu einer Hochzeit eingeladen ist. Oder er hat Opernkarten für sich und seine Frau, Beethovens Fidelio, Sondervorstellung des Ensembles der Mailänder Scala, erste Reihe Mitte, die Karte für 130 Euro. Und jetzt kommt so ein unterbezahlter Vorfeldlotse daher und erzählt ihm, er habe 90 Minuten Delay!

Die Ground-, Vorfeld- oder Apron-Controller sind auf den meisten Airports Angestellte der Flughafengesellschaft, während die Fluglotsen auf dem Tower von der jeweiligen nationalen Flugsicherungsagentur bezahlt werden und hoheitliche Aufgaben wahrnehmen.

Die Vorfeldkontrolle hat ihre Aufmerksamkeit weniger auf den fliegenden Verkehr gerichtet als auf das Rollfeld, wo sich Fahrzeugverkehr und Flugzeuge in die Quere kommen können.

ILS & Co.

41 Unverzichtbar bei schlechtem Wetter

Seit das GPS seinen Siegeszug durch die Autoindustrie angetreten hat, sind die praktischen Navigationsgeräte nicht mehr wegzudenken. Das ist in der Fliegerei nicht anders. Lange Zeit war das Funkdrehfeuer VOR das bodengestützte Navigationsgerät, das den Flugweg zu einem Flughafen wies. Das VOR war über lange Zeit das Rückgrat der Funknavigation für Flugzeuge. Es sendet eine Kennung aus. Der Empfänger im Flugzeug wandelt dies in eine Anzeige um, aus der der Pilot die genaue Richtung entnehmen kann, in der sich das Flugzeug vom Funkfeuer aus gesehen befindet. Mit entsprechendem Zusatz zeigt es auch die Entfernung zu der Station an. VORs markierten Kreuzungspunkte, sie dienten bis auf den heutigen Tag als Bezugspunkt für Anflugverfahren. Allerdings werden sie nach und nach durch GPS verdrängt. Für die Navigation mit GPS wird die Anzeigegenauigkeit sicher-

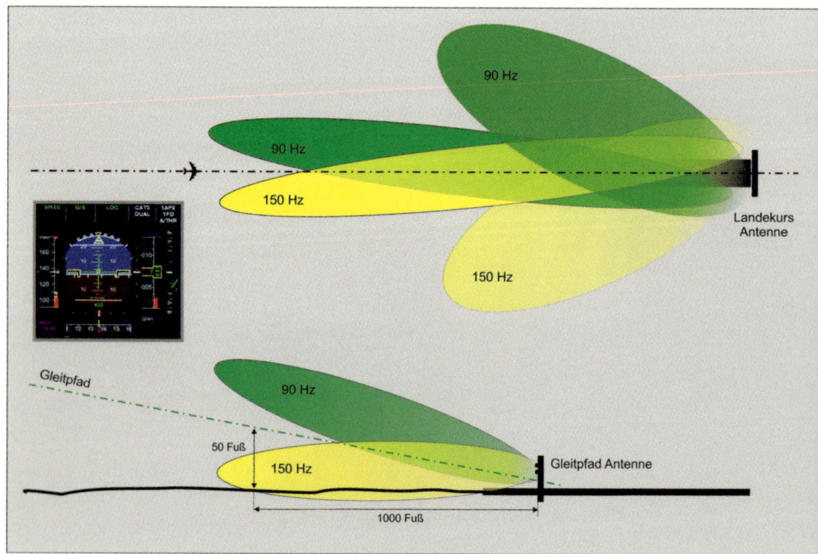

Während der Luftraum über einem Staat durch ein Netz von Radarsensoren abgedeckt wird, die im Verbund ein überregionales Luftlagebild errechnen und darstellen, stützt sich ein Flughafen auf Nahbereichs- und Bodenradar ab.

heitshalber durch ein Ground Based Augmentation System am Flughafen gemessen und für anfliegende Flugzeuge korrigiert.

Das Instrumentenlandesystem ILS besteht aus mehreren Komponenten am Boden, die mit einem Empfänger und einem Anzeigegerät im Flugzeug kommunizieren. Rund 300 Meter hinter dem Ende der Piste befindet sich die Landekursantenne, auf Höhe der Aufsetzzone steht die Gleitpfadantenne. Außerdem befindet sich auf dem Mittelkurs etwa 7200 Meter vor der Schwelle der Outer Marker, ein Sender, der senkrecht nach oben strahlt. Ein Middle Marker steht möglichst 1050 Meter vor der Schwelle. Diese beiden Sender markieren die Entfernung zur Piste und lösen im Flugzeug ein audiovisuelles Signal aus. Das ILS erlaubt eine sichere Landung auch bei sehr schlechten Sichtverhältnissen. Diese Systeme sind schon seit vielen Jahren in Betrieb und wurden ständig verfeinert. Mit Hilfe eines Kreuzzeigerinstruments erhalten die Piloten während des Endanfluges (ca. 15 km) genaue Angaben über die Position des Flugzeuges, bezogen auf die ideale Anflugachse, den optimalen Gleitweg sowie die Entfernung von der Pistenschwelle.

Das ILS wird je nach Präzision in mehreren Betriebsstufen angeboten:

- CAT I: Einfachste Betriebsstufe mit einer Entscheidungshöhe von 200 Fuß über Grund oder mehr und gemeldete Bodensicht von 800 Metern oder einer gemessenen Pistensichtweite (RVR) von mindestens 550 Metern
- CAT II: Mittlere Betriebsstufe mit einer Entscheidungshöhe zwischen 100 Fuß und 200 Fuß über Grund und einer RVR von mindestens 300 Metern

Je nach technischer Ausstattung und Hindernisfreiheit eines Airports ist CAT III noch einmal unterteilt:

- CAT IIIa: Entscheidungshöhe zwischen 50 Fuß und 100 Fuß über Grund und RVR mindestens 200 Meter
- CAT IIIb: Entscheidungshöhe kleiner als 50 Fuß über Grund und RVR weniger als 200 Meter, jedoch mindestens 75 Meter
- CAT IIIc: keine Entscheidungshöhe (0 Fuß) und keine RVR (0 Meter) (bisher nicht zugelassen)

Der Betrieb unterhalb von CAT I bringt auch weitere Auflagen für den Fahrzeugverkehr mit sich. Kann zum Beispiel kein Funkverkehr zu einem Fahrzeug hergestellt werden, das sich im Nebel irgendwo auf dem Rollfeld befindet, ist die ILS-Kategorie automatisch hochzustufen.

Wird bei schlechter Sicht nach CAT II oder III geflogen, werden bei anfliegenden Maschinen größere Intervalle zwischen zuvor landenden oder startenden Maschinen angewendet.

Winterbetrieb

42

Eis und Schnee, der tägliche Kraftakt im Winter

Es gehört schon eine kleine Schneekatastrophe dazu, einen internationalen Flughafen an der weißen Pracht ersticken zu lassen. Andererseits bedeutet das einen Großeinsatz für die Schnee- und Eisräumbereitschaft. Denn der Flughafen muss solange es irgendwie geht für die interkontinentalen Flüge, die ja bereits sechs, acht oder zehn Stunden zuvor gestartet sind, offengehalten werden. Einen Flughafen mit 6,5 Millionen Quadratmetern Betriebsfläche schnee- und eisfrei zu räumen, erfordert eine ziemlich große Armee von spezialisierten Fahrern, die 24 Stunden am Tag arbeiten. Diese Fläche entspricht nämlich der Länge einer Autobahnspur vom Frankfurter Kreuz bis nach Regensburg. Dazu sind im relativ milden Frankfurt sechs Schneefräsen und 23 Kehrblasgeräte verfügbar, die hintereinander gestaffelt jede der vier Kilometer langen und 60 Meter breiten Start- und Landebahnen innerhalb von 30 Minuten mechanisch reinigen. Eine Flotte von Lastwagen sowie Radladern gehört dazu, die tonnenweise Schnee wegfahren.

Acht Multi-Enteiser fahren danach über den Asphalt und versprühen biologisch abbaubares Essig-Acetat, damit auch das letzte Eis schmilzt und neuer Schnee nicht so schnell eine Chance hat, liegen zu bleiben.

In den schneereichen Wintermonaten Chicagos gilt es, 21 Pistenkilometer in einer Breite zwischen 46 und 61 Metern, 83 Kilometer Rollwege und ca. 2 Millionen Quadratmeter Vorfeldfläche zu räumen. Dafür stehen 255 Schneepflüge und Radlader zur Verfügung, die dann 24 Stunden am Tag im Einsatz sind. Für diesen Flughafen wurde spezielles Räumgerät entwickelt: Schneepflug, Fräse, Bläser und Bürste

Denver liegt auf 1600 Metern Höhe in den Rocky Mountains. Die Hauptstadt von Colorado ist so wichtig, dass der Airport auch im strengsten Winter offengehalten werden muss. Manchmal gibt es dort Kaltlufteinbrüche bis unter –20 °C und starke Schneefälle. Ein leistungsfähiger Winterdienst ist deshalb unabdingbar.

in einem Fahrzeug. Es bläst 7500 Tonnen Schnee pro Stunde zwischen 25 und 50 Meter weit zur Seite, während die Trucks mit 50 Stundenkilometern die Runway entlangfahren. Die Kehrfahrzeuge arbeiten sogar mit 65 Stundenkilometern. Elf mobile Schneeschmelzanlagen stehen zur Verfügung. Außerdem hat der Airport 133 externe Firmen unter Vertrag genommen, die mit 150 Räumgeräten einspringen können. 400 Fahrer arbeiten im Schichtdienst.

Der Schneeräumdienst analysiert die Schneevorhersage, Art und Gewicht des Schnees, und plant die Räumung von Fall zu Fall. Ein Koordinator sitzt im Tower und sorgt für die Schließung bestimmter Pisten, Rollwege und Flugsteige. Auch die Windrichtung ist ausschlaggebend, welche Schneebläser in welche Richtung eingesetzt werden. 39 Mechaniker stehen bereit, um auftretende Schäden am Fuhrpark sofort zu reparieren.

Flächenenteisung

43

Glatteis auf der Piste geht gar nicht

Eine der weniger bekannten Eigenschaften von Alkohol ist der Einsatz als Enteisungsmittel auf Flughäfen. Isopropylalkohol oder Glykol, vermischt mit Zusatzstoffen, helfen im Winter, Vereisungen auf Pisten aufzutauen und Flugzeuge von Eisschichten zu befreien. Die verschiedenen Flughäfen gehen dabei je nach durchschnittlicher Niederschlagsmenge unterschiedliche Wege.

Gemeinsames Ziel ist, aus Umweltschutz- und Kostengründen mit möglichst wenig Enteisungsmitteln eine maximale Wirkung zu erzielen. In Notfällen, wenn zum Beispiel nach einem Unglück ein Rettungsflugzeug starten muss, wird eine rasche Enteisung ausschließlich mit Hilfe der alkoholischen Stoffe vorgenommen. Vor absehbarem Eisregen kann Urea, das aus Harnstoffen gewonnen wird, präventiv eingesetzt werden. Aus Sicherheitsgründen muss die ganze Piste besprüht werden. Auf einer Piste von vier Kilometern Länge und 100 Metern Breite werden 36 000 Liter alkoholische Enteisungsmittel und 80 000 Kilogramm Urea verwendet. All diese Flüssigkeit wird wieder aufgefangen und geklärt.

Die moderne menschliche Zivilisation nimmt auf die Jahreszeiten keine Rücksicht. Fortbewegung muss gewährleistet sein. Der Verkehrsfluss darf auch im Winter nicht gefrieren.

Enteisung von Flugzeugen

44

Lebenswichtig!

Verschneite und vereiste Landschaften gehören zu dem Beeindruckendsten, was die Natur zu bieten hat. Ein langer winterlicher Spaziergang bei tiefen Temperaturen ist aber nicht nur ein ästhetisches Erlebnis. Er macht auch deutlich, dass die klirrende Kälte ihren Tribut fordert. Ihr schutzlos ausgeliefert zu sein, bedeutet Erstarrung und damit das Ende von Bewegung.

Die moderne menschliche Zivilisation nimmt auf die Jahreszeiten keine Rücksicht. Bewegung, genauer Fortbewegung, muss gewährleistet sein, der Verkehrsfluss darf auch im Winter nicht gefrieren. Für Fortbewegungsmittel aller Art stellt die kalte Jahreszeit eine ernst zu nehmende Bedrohung dar. Für Flugzeuge besteht sie vor allem in vereisten Tragflächen, die zu gefährlichen Veränderungen der aerodynamischen Eigenschaften führen können.

Vereisungen zu beseitigen oder zu verhindern, kostet Zeit, Energie und Rohstoffe. Die Zeiten, in denen diese Ressourcen bedenkenlos verschwendet wurden, sind lange vorbei. Neben der natürlich immer im Vordergrund stehenden Sicherheit ist insbesondere der Schutz der Umwelt ein ebenso wichtiges Kriterium. Entsprechend war die moderne Chemie im Fall der Flugzeugenteisung aufgerufen, eine sichere, kostengünstige und umwelt-

freundliche Lösung zu finden. Gelungen ist dies in Form von speziellen Glykol-Wasser-Gemischen, die je nach Temperatur und Wetterbedingungen eingesetzt werden. Diese Substanzen verhindern nicht nur nach einem ausgeklügelten Konzept erfolgreich die Vereisung, sie sind außerdem vollständig biologisch abbaubar.

Das für die Umwelt beste Enteisungsmittel ist aber immer noch das, das nicht verbraucht wird. Deshalb geht die Entwicklung im Bereich der Flugzeugenteisungsmittel hin zu immer leistungsstärkeren Substanzen. Durch ihren ständig verbesserten Wirkungsgrad wird der Vereisungsschutz immer dauerhafter. Die ständige Optimierung der Zusätze zur Erhöhung des Wirkungsgrades von Enteisungsmitteln bei gleichzeitig vollständiger biologischer Abbaubarkeit schafft letztlich ein Maximum an Ressourcenbewahrung. Dies ist die Zielsetzung der modernen chemischen Forschung.

Enteisung ist teuer. Verzicht ist noch teurer.

Wenn ein Mittelstreckenflugzeug nicht die Nacht über im Schneesturm gestanden hat, kann der Enteisungsvorgang in 10 bis 15 Minuten abgeschlossen sein. Die Kosten belaufen sich auf ca. 1200 bis 1500 Euro. In schweren Fällen kommen aber schnell noch ein paar Tausend Euro obendrauf. Um einen Jumbo eisfrei zu machen, zahlt die Airline im Schnitt 5000 Euro.

Enteisung im Akkord: United Airlines betreibt in Chicago eine eigene Enteisungsflotte.

Aerodynamische Sauberkeit

45

Eis und Schnee verändern die Aerodynamik

Die größte Aufmerksamkeit wird bei der Enteisung den Tragflächen der Flugzeuge geschenkt. Hier wirken nämlich die physikalischen Gesetze, die Aerodynamik. Bewegt sich ein Flugzeug vorwärts, strömt Luft über seine Tragflächen und erzeugt so wegen der gewölbten Form den notwendigen Auftrieb, der »Lift«. Gleichzeitig entsteht aber wegen des Luftwiderstandes eine entgegengesetzt wirkende Kraft, der »Drag«.

Die Größe des Auftriebs eines Flügels hängt von der sogenannten Anströmgeschwindigkeit der Luft ab. Eine der wesentlichen Voraussetzungen dafür ist, dass die Luft ungehindert den Konturen der Flügel folgen kann. Dazu müssen die Flächen aber »aerodynamisch sauber« sein. Und hier liegt der Hase im Pfeffer. Dieser Zustand kann sich nämlich im Winter schnell durch Eis oder Schnee negativ verändern.

Viel Aufmerksamkeit für die Tragflächen

Trockener Pulverschnee auf den Tragflächen ist nicht das Problem, das ist mit einem Besen recht schnell weggefegt. Mehr Probleme bereitet den Wartungsteams und Piloten das sogenannte Klareis. Es kann auf den Tragflächen einen Eispanzer von bis zu 20 Millimeter Dicke bilden, ist bei dem diesige Sauwetter mit bloßem Auge nur schwer zu erkennen und entsteht selbst bei Bodentemperaturen von bis zu 15 Grad über Null! Dafür sind nämlich in erster Linie die vom letzten Flug in den Tragflächentanks verbliebenen Treibstoffreste verantwortlich, die sich auf bis zu 30 Grad unter Null abgekühlt haben können! Bei hoher Luftfeuchtigkeit gefrieren die Wassertröpfchen blitzschnell auf den eiskalten Tragflächen.

Die Gefahren, die vom Klareis ausgehen, würde es nicht erkannt, könnten vielfältig sein. Wenn sich zum Beispiel bei Flugzeugen wie der Tupolev 154, der DC-10 oder der 727 Eisstücke während des Starts von den Flügeln lösen, werden sie von den Hecktriebwerken angesaugt und könnten Triebwerksschäden verursachen. Klareis könnte sich zudem über die an der Außenhaut des Flugzeuges angebrachten Messeinrichtungen legen und so Flugdaten verfälschen. Außerdem würde das Gesamtgewicht eines vereisten Flugzeuges dramatisch zunehmen. Die vorhandene Startbahn würde dann unter Umständen nicht mehr ausreichen, um die nötige Abhebegeschwindigkeit zu erreichen.

Eine gründliche Enteisung wie hier in Milwaukee ist manchmal eine Frage von Leben oder Tod. Sie mag 15 Minuten lang die Geduld der Passagiere strapazieren, die Crew weiß, was sie tut, auch sie möchte ja nach dem Flug wieder nach Hause.

Auch in den Triebwerkseinlässen kann sich bei starkem Schneefall oder Eisregen Schnee und Eis ansammeln. Dennoch sind das Probleme, die heute verhältnismäßig einfach mit der zur Verfügung stehenden Enteisungstechnik gelöst werden können.

Eine wirkliche Herausforderung für die Enteisungsteams stellen noch immer anhaltender Schneefall dar und Witterungsverhältnisse, bei denen noch vor wenigen Jahrzehnten ein Flugzeugstart unmöglich war. Denn: Selbst gesäuberte Tragflächen waren innerhalb von Minuten wieder vereist. Dies allerdings kann durch neuentwickelte Enteisungstechniken und sogenannte präventive Anti-Icing-Verfahren vermieden werden. Der Schutz vor Vereisung besteht jedoch auch mit dem »Anti-Icing«-Schutzfilm nur für eine gewisse Zeit, die sogenannte Haltezeit. In dieser »Haltezeit« muss das Flugzeug den Start ausgeführt haben. Wird die Zeit überschritten, muss von Neuem enteist und dann wiederum ein Schutzfilm aufgetragen werden. Zwei technische Methoden existieren, um das Enteisungsmittel aufzusprühen: Zum einen gibt es stationäre Anlagen, die an überdimensionierte Autowaschstraßen erinnern. Durch diese rollen die Flugzeuge hindurch. Dieses System – beispielsweise auf dem neuen Münchner Flughafen – hat den Vorteil, dass das Auffangen und Wiederverwerten des abfließenden Enteisungsmittels besser gehandhabt werden kann.

Auf dem Flughafen Frankfurt/Main dagegen wird mit heranfahrenden Sonderfahrzeugen mit Sprüharm enteist.

Die Enteisung der Antonov-225, die mittlerweile im Ukrainekrieg zerstört wurde, hatte den Betreiber auf dem Stuttgarter Flughafen einst 50 000 US-Dollar gekostet.

Hallen und Werften

Schutz vor Wind, Niederschlag, Sonne und Kälte

46

Vor hundert Jahren verstand man unter dem Begriff »Werft« einen geschützten Ort, an dem man Schiffe baute, die nach Fertigstellung zu Wasser gelassen wurden. So war es nur logisch, auch die Hallen, in denen Luftschiffe gebaut wurden, ebenfalls als Werft zu bezeichnen. Wie wir erfahren haben, hat die Aeronautik viele der ursprünglich nautischen Traditionen und Begriffe übernommen. Also

bezeichnet man heute die Hallen, in denen ganze Flugzeuge zerlegt, überholt und wieder zusammengebaut werden, als Werften. Nicht jeder Flughafen hat diese Möglichkeit und nicht jede Flugzeughalle ist auch gleich eine Werft. Es hängt ganz davon ab, welche Aufgaben ein Reparaturshop hat. In Frankfurt wurde eigens für die A380 der Lufthansa eine Halle gebaut. Sie ist 180 Meter breit, 140 Meter lang und 45 Meter hoch. Sie hat acht Tore. Zwei A380 oder drei Boeing 747 passen rein. Der Zweckbau war 150 Millionen Euro teuer.

Es gibt immer kurzfristige Wartungsarbeiten an einem Flugzeug durchzuführen. Nicht immer ist das Wetter dazu geeignet. Wohl der Fluggesellschaft, wenn sich das Flugzeug an einem Flughafen befindet, wo sie auf einen Hangar zurückgreifen kann.

Fracht und Cargo

47 Das zweite Standbein der Airlines

Als 2021 ein Containerschiff den Suezkanal blockierte, wurde die Welt daran erinnert, wie abhängig wir von der globalen Just-in-time-Industrie sind. Während die Wirtschaft litt und in die sogenannte Chipkrise schlitterte, lag es nahe, wenigstens die wichtigsten Güter per Flugzeug zu befördern. Doch wegen der aufkommenden Corona-Krise waren auch diese Lieferketten gestört. Denn viele Waren würden normalerweise zu halbwegs günstigen Preisen in den Frachträumen der Passagiermaschinen um den halben Globus reisen. Der weltweite Passagierverkehr war jedoch um fast 90 Prozent eingebrochen, ganze Flugzeugflotten wurden auf trockenen Wüstenflughäfen ein-

Die Weltwirtschaft verändert sich

Die jüngsten Ereignisse in der Ukraine haben uns vor Augen geführt, dass unsere Just-in-Time-Industrie empfindlich auf Störungen reagiert. Bis vor Kurzem war man noch der Überzeugung, globale Interdependenzen und wirtschaftliche Verknüpfungen würden Frieden und Wohlstand sichern. Klimawandel, Unfälle, Seuchen globalen Ausmaßes, verrückte Diktatoren, Verschwörungstheorien und eine wachsende Pressefeindlichkeit bringen die Menschheit aus dem Gleichgewicht.

gemottet. Davon profitierten die Cargo-Airlines. Deren Tarife stiegen auf das Dreifache. Angebot und Nachfrage regeln halt auch hier den Preis.

Viel wichtiger ist es aber, die Warnung nicht zu ignorieren, die die Welt erhalten hat: Die globalen Versorgungswege können jederzeit zusammenbrechen. Sei es einer weltweiten Pandemie geschuldet oder dem Steuer-

Going with the sun. Tagsüber wird produziert, nachts am Flughafen verladen. Dann starten die Frachter nach Übersee, in eine andere Zeitzone, wo die Produkte entweder weiterverarbeitet werden oder in den Regalen der Supermärkte landen.

mann eines einzelnen Schiffes. Dass ein einziges Unglück die Versorgungsrouten bestimmter Güter zwischen Los Angeles, Emden und Shanghai unterbrechen kann, sollte uns zu denken geben. Wo lassen wir was produzieren, wo sind unsere Quell- und wo unsere Verkaufsmärkte? Diese Abhängigkeiten haben uns reich gemacht, können uns aber auch empfindlich treffen.

Viele große Flughäfen betreiben große Frachtterminals. Sie werden damit zu wichtigen Versorgungszentren für plötzlich auftretende Versorgungskrisen.

Die Boeing 747-8 der russischen AirBridgeCargo ABC war fast täglich in Frankfurt und Luxemburg zu Gast. Seit der nahezu weltweiten Schließung des Luftraumes für russische Airlines steht die gesamte ABC-Flotte mit 18 Großraumflugzeugen in Moskau am Boden.

48

Catering

Mehr als die Speisung der Passagiere

Seit Corona ist in dieser Sparte nichts, wie es einmal war. Trotz des weltweiten Trends zu Einsparungen beim Bordservice, schenkten die Airlines der Welt bis 2020 jährlich immer noch 4,3 Millionen Gallonen Wein aus. Das sind 21,7 Millionen Flaschen, die insgesamt 28 000 Tonnen Gewicht ausmachen. Die besten Weine gab es bei Qantas und bei Air New Zealand. Dort waren Weine zu haben, die beim Fachhändler zwischen 50 und 220 US-Dollar kosten! Japan Air Lines bot seinen First Class Passagieren einen 1997 Champagne Salon, von dem insgesamt nur 60 000 Flaschen abgefüllt wurden. Der Weinkonsum an Bord unterschied sich auch im Abflugort. So tranken z. B. Passagiere auf Flügen von San Francisco mehr Wein als die Passagiere auf Flügen von Dallas.

Auch die vollautomatische Reinigung von Bordwäsche gehört für Cathay Pacific in Hongkong zum Catering.

Doch das war vor der Maskenpflicht an Bord. Die bewirkt nämlich, dass einige Passagiere immer schneller ausrasten. Zum Essen und Trinken darf die Maske ja kurzzeitig abgenommen werden. Also wird so viel wie möglich getrunken. Und wenn die Flugbegleiterin wegen fortgeschrittener Alkoholisierung nicht mehr nachschenkt, wird sie auch schon mal geohrfeigt. Immer häufiger kommt es zu handfesten Schlägereien an Bord. Bisweilen steuert der Käpten den nächsten Flughafen zu einer außerplanmäßigen Landung an, um den gewalttätigen Passagier der Polizei zu übergeben.

In einem solchen Environment vergeht vielen Passagieren der Appetit. Auf Kurz- und manchen Mittelstrecken gibt es oft nur ein Fläschchen stilles Wasser. Alkohol wurde teilweise schon ganz von Bord verbannt. Trotzdem unterhalten Airlines an ihren Drehkreuzen großflächige Lager für notwendige Dinge, die je nach Strecke mitgenommen werden. Neben Essen und Trinken gehören auch Zeitungen, Erfrischungstücher, Kissen, Decken, Kopfhörer, Spielzeug und vieles mehr zu den umfangreichen Lieferungen für einen Flug. Für die Einreise der Passagiere werden Zollformulare bereitgehalten. Diese unterscheiden sich nicht nur nach Zielländern, sondern

Das Bereitstellen der Mahlzeiten und Snacks ist natürlich eine der wichtigsten Aufgaben jeder Catering-Firma.

auch nach Nationalität der Reisenden. Unsichtbar für die Passagiere sind Heerscharen von Küchenpersonal, die Brötchen belegen, Tabletts vorbereiten, Großbäckereien oder Waschanlagen für die Trolleys.

Cathay Pacific betreibt am Flughafen von Hongkong mit Vogue Laundry die größte Wäscherei in ganz Asien. Dort werden nicht nur die Tischdeckchen für die Premium Class Passagiere gewaschen, sondern auch Sitzbezüge, Decken, Kleidung und mittlerweile sogar der Bedarf von 20 verschiedenen Airlines und 30 Hotels. BIMAN Bangladesh Airlines unterhält für ihr Catering nahe dem Flughafen Dhaka eine 300 000 Quadratmeter große Hühnerfarm. Mit dem Fleisch versorgte sie nicht nur den eigenen Bedarf, sondern auch den von mindestens fünf großen Airlines, die Dhaka anfliegen. 25 000 Chicken-Mahlzeiten wurden pro Monat produziert. Am Frankfurter Flughafen sticht die allgegenwärtige LSG ins Auge. Sie umfasst 148 Unternehmen und besteht aus 194 Betrieben in 52 Ländern. 2011 produzierten sie 492 Millionen Flugmahlzeiten für mehr als 300 Airlines weltweit. Am 19. Dezember 2019 verkaufte die Lufthansa dieses Unternehmen an die GATEGROUP. Am 2. Januar 2020 trat in Wuhan der erste COVID-Fall auf. Im März verhängten fast alle Länder der Welt Reiseverbote, Airlines motteten ihre Flugzeuge ein. Inwieweit die Airlines in einer post-Corona-Zeit ihre Passagiere wieder mit Annehmlichkeiten versorgen werden, lässt sich nur schwer vorhersagen.

Frischezentrum

49

Deutschlands größter Fischereihafen

Deutschlands größter Frischfischhafen liegt nicht etwa in Hamburg, sondern in Frankfurt. Jährlich schlagen die Kühlprofis des Perishable Center Frankfurt (PCF) etwa 20 000 Tonnen Fisch aus aller Welt um, Lachs, Hummer, Muscheln, Langusten, Kalmare und andere Meeresfrüchte. Dazu kommen Früchte aus aller Welt, Fleisch, Blumen und Medikamente. 110 000 Tonnen im Jahr an frischen Lebensmitteln werden in Frankfurt umgeschlagen.

Sonntags kommen die Waren an, die montags frisch in den Regalen der Supermärkte stehen. Montags und dienstags werden die Frischwaren umgeschlagen, die ins europäische Ausland verladen werden. Mangos aus Südamerika, Rosen aus Kenia und Steaks aus Australien reisen in Frachtmaschinen oder in speziellen Frachträumen von Passagiermaschinen nach Frankfurt – und von dort aus oft weiter in die ganze Welt. Nach dem Entladen in Frankfurt sind es nur wenige hundert Meter zwischen Flugzeug, Umschlagplatz und Kühlwagen. Direkt neben dem PCF sind mehrere Parkpositionen für Flugzeuge eingerichtet. Von dort nimmt die verderbliche Ware den schnellsten Weg auf dessen 9000 Quadratmeter großes Areal – oder umgekehrt. 120 Mitarbeiter verladen die Ware dann entweder

Heute vor den Liparischen Inseln gefangen, elf Stunden später im Frischezentrum des Frankfurter Flughafens, morgen auf dem Markt beim Fischhändler.

Bis vor Kurzem waren wir es gewohnt, auch frische Waren aus der ganzen Welt im Supermarkt kaufen zu können.

direkt auf Lastwagen, packen die verderblichen Güter in einzelnen Sendungen zusammen oder stellen sie für eine Zwischenlagerung bereit – in einer der 20 verschiedenen Kühlzonen zwischen minus 24 und plus 24 Grad Celsius.

Zoll und Veterinäramt, Pflanzenschutzdienst und Bundesamt für Landwirtschaft und Ernährung beschäftigen Kontrolleure im gleichen Gebäude. Sie können die Waren direkt vor Ort überprüfen.

50

Kerosinfarm

Tanklager, Pipelines und Pumpstationen

Ein Jumbo fasst 225 000 Liter, eine A380 gar 320 000 Liter, Frankfurts Tagesbedarf an Kerosin ist etwa 15 Millionen Liter. Der Flughafen ist daher an verschiedene europäische Pipelines angeschlossen. Durch diese werden die gewaltigen Tanks und Zisternen gefüllt. Sie sind durch ein Rohrleitungssystem von 60 Kilometern Länge mit den einzelnen Abstellflächen der Flugzeuge verbunden.

Der Frankfurter Flughafen wird ausschließlich über Pipelines mit Kerosin versorgt. Neben den beiden Verbindungen zum Tanklager in Gustavsburg existieren außerdem noch eine Leitung zum Tanklager in Raunheim und zwei zum Hafen Kelsterbach.

Die BP Europa SE hat ihr Tanklager Mainz-Gustavsburg in Ginsheim-Gustavsburg (Hessen) erweitert. Auf dem Areal errichtete das Unternehmen in zweijähriger Bauzeit einen neuen Tank mit einem Fassungsvermögen von rund 25 000 Kubikmetern (25 Millionen Liter), der für den Umschlag von Kerosin (Jet A-1) genutzt werden soll.

Gemessen an der rechnerischen Gesamtumschlagsmenge können nun rund 40 Prozent des Jahresbedarfs an Kerosin am Frankfurter Flughafen über Mainz-Gustavsburg abgedeckt werden, wie BP mitteilte.

Eine Boeing 747 kann ca. 225 000 Liter Kerosin aufnehmen, eine 777 auch gut 200 000, ein Airbus A380 fasst gar 320 000 Liter. Auf vielen Hubs dieser Welt starten diese Großraumflugzeuge im Minutentakt. Man kann sich also vorstellen, wie lebenswichtig eine reibungslose Versorgung der Flughäfen mit Treibstoff ist.

Die Kerosinfarm des Frankfurter Flughafens. Von hier wird die Unterflurtankanlage für die einzelnen Stellplätze versorgt.

Der Standort verfügt darüber hinaus als eines von zwei Tanklagern über einen direkten Pipeline- Anschluss zum Frankfurter Flughafen.

Neben den zivilen Pipelines verfügt auch die NATO über ein Pipeline-System. Das soll sicherstellen, dass die Verteilung jederzeit bedarfsgerecht gedeckt werden kann. Das NATO Pipeline System (NPS) besteht aus zehn verschiedenen Lager- und Verteilungssystemen für Kraft- und Schmierstoffe. Insgesamt ist das System rund 12 000 Kilometer lang, durchquert 13 NATO-Staaten und hat eine Speicherkapazität von 5,5 Millionen Kubikmetern. Das NPS verbindet Lagerdepots, Militärflughäfen, Zivilflughäfen, Pumpstationen, Lkw- und Bahnverladestationen, Raffinerien und Be-/Entladestellen.

Die Massenverteilung erfolgt über Einrichtungen des gemeinsam finanzierten NATO-Sicherheitsinvestitionsprogramms. Die Netze werden von nationalen Organisationen kontrolliert, mit Ausnahme des Central Europe Pipeline Systems (CEPS), einem multinationalen System, das von der Central Europe Pipeline Management Organization (CEPMO) verwaltet wird. Das NPS wurde während des Kalten Krieges eingerichtet, um die NATO-Streitkräfte mit Treibstoff zu versorgen, und es deckt weiterhin den Treibstoffbedarf mit der Flexibilität, die das heutige Sicherheitsumfeld erfordert. Es ist aufgeteilt in das Nordeuropäische Pipelinesystem (NEPS) in Dänemark und Deutschland, und das CEPS für Belgien, Frankreich, Deutschland, Luxemburg und die Niederlande. Dies ist das größte System.

Energieversorgung

51

Strom, Wärme und Kälte

Ein Flughafen, der jährlich 30, 40, 50 Millionen Passagiere oder mehr durchsetzt, benötigt eine ausfallsichere Energieversorgung mit Strom, Wärme und Kälte. Am Münchner Flughafen werden durch Kraft-Wärme-Kälte-Kopplung 7,44 MW Strom, 8,7 MW Wärme und 5,3 MW Kälte produziert. Damit werden Gebäude und Hangars versorgt. Ein Teil der Anlage fungiert als Notstromsystem, damit beispielsweise die Energie für die Flughafenbefeuerung, Flugsicherung und Navigationsanlagen innerhalb von Sekunden wiederhergestellt werden kann. Zusätzlich zu Strom und Wärme kann durch die Kombination eines Blockheizkraftwerks mit einer Absorptionskältemaschine auch Kälte erzeugt werden. Die neben der Stromerzeugung durch hälftig Biomasse und fossile Stoffe im Blockheizkraftwerk anfallende Abwärme treibt in der Absorptionskälteanlage einen thermischen Verdichter an, welcher wiederum einen Kühlkreislauf antreibt. Der thermische Wirkungsgrad liegt bei 60 bis 80 Prozent. Mit dieser Effizienz sorgt die eingesetzte Primärenergie ganzjährig für ein gleichbleibendes Raumklima.

Terminals, Hangars und Abfertigungshallen bieten großflächige Dächer, die optimal für Fotovoltaikanlagen genutzt werden. An manchen Tagen ist die Erzeugung von Strom, Wärme oder Kälte so groß, dass sogar noch externe Unternehmen mitversorgt werden können.

Terminals haben naturgemäß große Dachflächen. Diese werden inzwischen fast weltweit zur Stromgewinnung genutzt.

Notstrom

52

Dem Blackout keine Chance

Gelegentliche Stromausfälle hat jeder schon mal erlebt. Wo man das aber mit Recht am wenigsten erwartet, ist ein Flughafen. Immerhin begibt man sich ja in eine Welt, in der alles perfekt zugehen soll. Sollte an einem Airport mal der Strom ausfallen, sei es wegen Unwetter, Blitzschlag, Sabotage oder einem technischen Fehler, sorgt das schnell für Chaos und Angst und womöglich Panik.

Eine zuverlässige Stromversorgung ist die Grundlage für einen zuverlässigen Flugbetrieb. Pistenbefeuerung, Kommunikation zwischen Boden und Luft, Funkverbindung zu den vielen Service- und Einsatzfahrzeugen, Kraftstoffpumpen, die Einhaltung des Ankunfts- und Abflugplans. Es gibt den Betrieb der Terminals selbst. Sicherheit, Eisenbahnlinien, Beleuchtung, Fluggastbrücken, Einzelhändler, Kameras, Computer, Klimatisierung und Abwasserbehandlung sind für den Flugverkehr unerlässlich, auch wenn vieles davon nicht sichtbar ist. Auch angrenzende Gebäude sind zu beachten, wie Mietwagenbüros, Hotels und Restaurants.

Notstrom in Sekunden

Ein Blackout kann Folgen von nationaler Reichweite nach sich ziehen. 2004 brach das gesamte Funk- und Telefonsystem der Flugsicherung in Südkalifornien ohne Vorwarnung zusammen. Ein Server hatte sich verabschiedet und die gesamte Kommunikation lahmgelegt. Die konsternierten Lotsen riefen über ihre Mobiltelefone Freunde und Bekannte aus anderen Zentralen und Kontrolltürmen an und diktierten ihnen Kontrollanweisungen für mindestens 800 Flugzeuge in ihrem Kontrollbereich. 2006 musste das Center in Anchorage wegen eines Virus abgeschaltet werden. Im September 2007 gab es eine »Kernschmelze« in Memphis, Tennessee, als Radar, Telefon und Funk zusammenbrachen. Der betroffene Luftraum erstreckte sich über sieben Staaten. Und wieder einmal war man auf die privaten Mobiltelefone der Controller angewiesen, die mittlerweile die Nummern der benachbarten Kontrollzentralen schon eingespeichert haben. In Atlanta fiel Mitte Dezember 2017 der Strom gleich für 11 Stunden aus. Eine unterirdische Schalteinheit am größten Flughafen der USA hatte Feuer gefangen. Das Back-up-System war zwar im Raum daneben, dessen Kabel liefen aber durch denselben Schacht und verschmorten gleich mit. 1100 Flüge wurden gecancelt, 30 000 Passagiere waren zwei Tage am Flughafen gestrandet.

Im November 2009 blieben zwei Datenserver in Salt Lake City und in Atlanta während der Rush Hour für vier Stunden stehen. Es hatte Auswirkungen auf das gesamte System. Flugplandaten wurden in dieser Zeit per E-Mail und Fax ausgetauscht!

Befindet sich bei schlechtem Wetter eine Maschine im Anflug auf eine Piste, ist sie auf das bodengestützte Instrumentenanflugsystem angewiesen. Fällt es aus, erhält der Pilot eine audiovisuelle Warnung und leitet sofort ein Fehlanflugverfahren ein, es sei denn, er hat Sichtkontakt zur Landezone. Aber selbst dann wird er sich über Funk vergewissern, ob die Landefreigabe noch immer gilt. Erhält er über Funk keine Bestätigung, wird er zum Tower blicken, ob er ein grünes oder rotes Lichtsignal erhält.

Während man in einzelnen Bereichen mobile Aggregate vorhält, die eine Werkstatt oder eine Halle mit Energie versorgen können, ist für das Terminal eine dauerhafte Back-up-Versorgung vorzusehen. In einer Blackout-Situation ist eine schnelle Wiederherstellung der Stromversorgung der Terminals und anderer Bereiche des Flughafens unerlässlich. Atlanta beschaffte nach dem großen Stromausfall ein System von 21 mächtigen Dieselgeneratoren, die verzugslos anspringen sollen. Düsseldorf betreibt 52 Notstromgeneratoren, die innerhalb von 15 Sekunden anspringen und Strom liefern. Gepuffert wird die Zeit dazwischen mit Batterien.

Notstromaggregate der Firma Caterpillar in Zürich.

Ground Handling

Fliegen beginnt am Boden

53

Die Bodenabfertigung eines Passagierflugzeugs umfasst den Passagierservice und den Ramp-Service. Diese Dienste können entweder vom Flughafen, der Airline oder einem externen Dienstleister durchgeführt werden. Sie umfassen die folgenden Dienste:

Administrative Dienste und Überwachung am Boden, Fluggastabfertigung, Gepäckabfertigung, Fracht- und Postabfertigung, Vorfelddienste, Reinigungsdienste und Flugzeugservice, Betankungsdienste, Stationswartungsdienste, Flugbetriebs- und Besatzungsdienste, Transportdienste am Boden und Bordverpflegungsdienste. Üblicherweise wer-

Kaum wird ein Flugzeug abgestellt, wird es von Fahrzeugen umringt: Fahrtreppe, Gepäckwagen, Crew-Bus, Tankwagen, Catering, Toilettenzisterne, Techniker, Gate-Agents.

den auf Flughäfen unter einer Million Passagieren pro Jahr die Vorfelddienste, die Betankung, die Gepäck- und Frachtdienste von der Airline erbracht.

Vor allem aber muss das Flugzeug in einen Zustand gebracht werden, in dem es sicher starten, fliegen und landen kann. Und das geht nur am Boden. Hat es einmal das Fahrwerk eingezogen, sind die Piloten auf sich alleine gestellt, die Reparaturmöglichkeiten sind stark begrenzt. Daher verlässt man sich auf eine hundertprozentig gewissenhafte Wartung vor dem Flug. Nationale und internationale Organisationen überwachen die Ausbildung der Techniker, die Flugzeugwerke bieten Ausbildungslehrgänge und Zertifizierungen an. Nichts soll dem Zufall überlassen werden.

Die griechische AEGEAN Airlines ist 90 Minuten nach ihrer Landung wieder unterwegs nach Kreta.

Die Versorgung an einer der Gebäudepositionen ist einfacher als auf einer »Outposition« weitab draußen auf dem Vorfeld. Aber sie kostet auch mehr.

Der Fuhrpark des Nürnberger Flughafens

Fuhrpark

54

Räder statt Flügel

Um einen internationalen Flughafen zu betreiben, benötigt man einen spezialisierten Fuhrpark mit einer große Anzahl von Fahrzeugen und Geräten. Allein Frankfurt betreibt 21 000 davon! Außerdem hat dieser wichtige Flughafen 12 500 Anhängergeräte, Containertransportwagen, Flugzeugtreppen usw. Dazu kommen 1500 Wechselanbauten, Schneepflüge, Schneefräsen. Unerlässlich sind viele Spezialfahrzeuge wie Feuerwehren, Bergungsfahrzeuge, Mobilgeräte, Rettungstreppenfahrzeuge, Kranwagen, Wechselladerfahrzeuge, Radlader, Gabelstapler, Ambulanzen, Flugzeugschlepper, Entsorgungsfahrzeuge (Honey Trucks), Gepäck- und Frachtschlepper, Cateringfahrzeuge, Hubbühnen, Tankfahrzeuge. Über 100 Vorfeldbusse bringen Passagiere zu den Vorfeldpositionen.

Kehrmaschine, gebaut für breite Bewegungsflächen, nichts für romantische Weindörfer entlang der Mosel.

All diese Fahrzeuge werden bewegt von tausenden Flughafen-geschulten Fahrern, deren Berechtigungen strengstens kontrolliert werden. Die Fahrzeuge tragen große Nummern auf ihren Dächern, damit sie vom Tower lesbar sind und gezielt über Funk angesprochen werden können. Zudem sind sie nach Berechtigungen markiert. Die Flughafenfläche ist unterteilt in:

Landseitig
- Öffentlich zugängliche Bereiche
- Zufahrtskontrollierte Bereiche
- Zufahrts- und zugangskontrollierte Bereiche

Luftseitig
- Zugangskontrollierte Luftseite im Terminal
- Sensible Teile der Sicherheitsbereiche
- Flugbetriebsflächen
- Vorfeld
- Rollfeld

Wettergeschützte Fahrtreppe für Mittelstreckenflugzeuge. So gelangen Passagiere auch bei Regen trockenen Fußes vom Flugzeug in den Bus oder umgekehrt.

Gekühlte Pharmatransporte zwischen Flugzeug und Kältehalle

Flugzeugschlepper

Kraftprotze mit 700 PS

55

So wie die Ozeanriesen im Hafen von kleinen Bugsierern an die Kaimauer gebracht und wieder zurück durch die Hafeneinfahrt manövriert werden, so werden große Passagiermaschinen auf dem Vorfeld bewegt. Einzige Ausnahme: Nach der Landung rollen die meisten von ihnen selbstständig ans Gate. Dabei folgen sie entweder einem Marshaller (Einwinker) mit seinen Kellen, oder sie nutzen eines der zahlreichen elektronischen Anzeigesysteme in Cockpithöhe wie das AGNIS. Das ist kurz für Azimuth Guidance for Nose-in Stand. Damit können die Piloten das Bugrad zentimetergenau dort abstellen, wo es hinsoll. So kann die Passagierbrücke präzise an die Tür andocken.

Vor dem Start aber geht aus eigener Kraft gar nichts. Selbst mit Schubumkehr würde man ein vollgetanktes Passagierflugzeug nur mit allergrößter Mühe rückwärts bewegen können. Krach, Staub, Schmutz, umherfliegende

Flach wie Flundern können sich diese Power-Boliden unter den Bug eines Flugzeugs schieben und es emissionsarm und leise dorthin bugsieren, wo es gerade gebraucht wird.

Teile kann man am Terminal nicht gebrauchen. Darum hängt man am Gate einen kleinen Traktor mit einer Schleppstange ans Bugrad, der das Flugzeug vom Gate wegdrückt und an eine Stelle des Vorfelds schleppt, wo die Triebwerke angelassen werden können, ohne jemanden zu gefährden. Pushback nennt man diesen Vorgang, der von der Vorfeldkontrolle anzuordnen ist.

Muss ein Flugzeug in einen Hangar oder zu einem anderen Stellplatz gebracht werden, wird man je nach Flugzeugtyp einen großen Schlepper

nehmen. Die neueren Modelle kommen ohne Schleppstange aus. Sie sind bis zu 30 Tonnen schwer und haben gut und gerne 700 PS. Neu ist auch, dass manche Airports Elektroschlepper beschafft haben, die selbst große Jumbos bewegen können.

Wenn es nicht gerade ein Jumbo sein muss, schleppt die Lufthansa mittlerweile mit einem Elektroschlepper emissionsfrei ihre Flugzeuge an ihren Bestimmungsort.

Follow Me

56

Checkerboard von Volkswagen bis Lamborghini

Ein Wagentyp, der auf keinem Flughafen der Welt fehlen sollte, ist der Follow Me. Schwarz-gelb gewürfelt freut sich jede Cockpit-Crew, wenn ihnen dieses »Lotsenfahrzeug« den Weg durch das Gewirr von Pisten und Rollwegen zu ihrem Parkplatz an einem wenig vertrauten Flughafen zeigt. Während es unerheblich ist, auf welchen Fahrzeughersteller die Wahl fällt, gibt es doch einige Firmen, die versuchen, mit Spezialausrüstung in diesen Weltmarkt zu drängen. Wichtig sind die gelben Rundumleuchten, die beleuchtbare FOLLOW-ME-Schrift und eine STOPP-Leuchte auf dem Dach, denn so ein Fahrzeug verschwindet gerne mal unter der Flugzeugnase, wenn es die Geschwindigkeit verringert. Einmalig in der Welt dürfte der Follow Me in Bologna sein. Die dort ansässige Firma Lamborghini konnte sich nicht verkneifen, ankommende Passagiere zu beeindrucken. Hannover-Langenhagen hingegen benutzt einen gelb-schwarz gewürfelten Porsche als Lotsenfahrzeug. Der Follow Me ist über Sprechfunk mit dem Tower verbunden und daher hochflexibel einsetzbar.

Der Follow Me ist das Allzweckfahrzeug schlechthin. Es ist ständig mit der Vorfeldkontrolle und dem Tower verbunden, kann sich aber über Digitalfunk mit der Feuerwehr und jeder anderen Dienststelle verständigen.

Flughafenfeuerwehr

57

Nicht nur wenn's brennt

Während die Flughafenfeuerwehren vor allem trainieren, die Folgen von Flugzeugunglücken auf dem Flughafen zu bekämpfen, müssen sich küstennahe Airports wie Amsterdam oder Tokio auch auf Einsätze bei Notwasserungen und Abstürzen im Meer vorbereiten. Oben ein Bild aus Honolulu.

Crash-Fire-Rescue. Unter diesen drei Begriffen »Unfall-Feuer-Rettung« fasst man international die vielfältigen Aufgaben der Flughafen-Rettungsdienste zusammen. Die technische Ausrüstung der CFR-Dienste ist auf mögliche örtliche Szenarien zugeschnitten. So werden Flughäfen in Küs-

Typischer Fuhrpark einer Flughafenfeuerwehr

Besonders die allradgetriebenen Angriffsfahrzeuge sind geländegängig, da sie bei jeder Witterung den direktesten Weg zu einem brennenden Flugzeug nehmen müssen.

tenlage zum Beispiel mit Rettungsschiffen ausgerüstet, was bei Binnenflughäfen ganz sicher nicht notwendig ist.

»Luftnotlagen mit Ankündigung« sind dem Einsatzleiter der Feuerwehr viel lieber als die, die einfach plötzlich »passieren«. Man hat nämlich zumindest *etwas* Zeit, sich darauf vorzubereiten – nicht viel, aber bei dem hohen »Readiness-State« reicht das noch allemal, einen der drei Löschzüge in Stellung zu bringen, bei Großraummaschinen sogar zwei. Der Flughafen muss der Internationalen Zivilluftfahrtorganisation ICAO nämlich garantieren, innerhalb von 120 Sekunden jeden Punkt des Start- und Landebahnsystems erreichen zu können. Der Zeitdruck rührt von der im Flugzeugbau verwendeten Aluminiumhaut her, die bei 480 °C schmilzt und die einem wütenden Kerosinfeuer nur wenige Minuten standhält.

Die Flaggschiffe der Flugzeugbrandbekämpfung sind die über tausend PS starken vierachsigen Großtanklöschfahrzeuge verschiedener Bauart, üblicherweise beladen mit 12 000 Liter Wasser, dem man je nach Einsatzart 2 x 600 Liter Schaum und/oder 2 Tonnen Löschpulver beimischen kann. Der Angriff erfolgt mittels einer 280-PS-Pumpe entweder über einen auf dem Dach montierten Löschbalken, der über einen »Joystick« vom Führer-

UNITED

Mit dem Löschdorn durchsticht man die Außenhaut eines havarierten Flugzeugs, um einen Brand von innen zu löschen.

Großtanklöschfahrzeug mit über 1000 PS und 12 000 Liter Löschwasser

haus gesteuert wird, oder über Frontdüsen. Das Fahrzeug hat eine Selbstschutzeinrichtung für die Reifen. Muss es beispielsweise durch brennendes Kerosin fahren, kann es mittels 7 Wasserschaumdüsen je 60 Liter Wasser pro Minute auf die Reifen sprühen.

Zu jedem Löschzug gehören zwei dieser Großtanklöschfahrzeuge, zusätzlich weitere Tanklöschfahrzeuge, Gerätewagen, Schlauchwagen, Rüstwagen sowie Rettungscontainer, in denen alles erdenkliche Material vorhanden ist, das sich bei der Rettung von Passagieren bewährt hat.

Löschdorn

Mindestens *eines* der Fahrzeuge hat einen Löschdorn. Er ist am Ende eines beweglichen Löschbalkens angebracht. Dieser Löschdorn wird von außen an eine bestimmte Stelle eines brennenden Flugzeugs gesteuert und dann durch die Aluminiumhaut gestochen. Nach Durchdringen der Hülle kann man aus mehreren Düsen am Dorn fein zerstäubtes Wasser oder Löschmittel in die Kabine sprühen, womit ein Brand gelöscht, die Temperatur im Innenraum gesenkt und giftiger Rauch gebunden werden kann. Das geschieht »minimal invasiv«, ohne dass einströmender Sauerstoff z. B. durch eine geöffnete Tür den Brand entfachen kann. Da dies nicht bei jedem Flugzeug in gleicher Weise funktioniert, gehört es zum Wissen der Löschmannschaft, bei welcher Maschine man an welchem Punkt ansetzen muss und unter welchen Umständen das funktioniert.

Übung

58

Der Ernstfall verzeiht keine Fehler

Die internationale Luftfahrtorganisation ICAO verlangt, in regelmäßigen Abständen Großübungen abzuhalten. Dazu werden Spezialisten entsandt, die die Leistungen der Dienste kritisch beurteilen. Überprüft werden unter anderem Organisation, Zustand der Fahrzeuge und Rettungsmittel, Ausbildungsstand des Personals, Reaktionszeit, Löscherfolge, Alarmierung der Rettungsmittel zweiten Grades (umliegende Ortsfeuerwehren, Polizei, Bundeswehr, THW, Katastrophenschutz, Krankenhäuser, grenzüberschreitende Zusammenarbeit), medizinische Erstversorgung am Unfallort, Triage, Abtransport von Verletzten. Übungskünstlichkeiten sind zwar nicht auszuschließen, aber ohne solche Übungen würde die Chaosphase im Ernstfall kaum ohne zusätzliche Opfer zu überstehen sein.

Bei der Brandbekämpfung geht es um Sekunden, nachdem ein Flugzeug zum Stillstand gekommen ist.

Crash

59

Reaktion in Sekundenschnelle

Die Wirklichkeit unterscheidet sich von der Übung, weil es kein Drehbuch gibt. An einem betriebsreichen Flughafen beobachten die Lotsen in ihrer Schicht viele hundert Landungen. Harte, weiche, lange, kurze, hopsende. Jeden Tag. Jede Woche. Jeden Monat. Jedes Jahr. Jahrein, jahraus. Und plötzlich passiert es, ohne Ansage, ohne Vorwarnung. Ein Tailstrike vor der Piste, das Fahrwerk bricht weg, die Triebwerke reißen beim Aufschlag ab, die Röhre schlittert die Piste hinunter, fängt Feuer, kommt zum Erliegen. Es geht so schnell, wie man es hier liest. Nach bangen Sekunden öffnet sich eine Tür, noch eine, die Notrutschen entfalten sich. Passagiere flüchten. Pechschwarzer Rauch dringt aus dem Wrack. Der Brand breitet sich aus, die Feuerwehr trifft ein …

In diesen Sekunden befindet sich der Tower in der Chaosphase. Ohne Vorwarnung werden die Fluglotsen mit einer Extremsituation konfrontiert, die sie womöglich noch nie zuvor erlebt hatten. Das Blut pocht im ganzen Körper, Panik will sich breit machen, die Sprache übersteuert. Alle Telefone klingeln gleichzeitig, alle Funkgeräte plärren, Sirenen heulen, Crash Bells scheppern, der Noise Level im Tower erinnert für einen Moment an den Wall Street Crash von 1929.

In diese Chaosphase muss Ordnung gebracht werden, jeder muss sich selbst und seine Aufgabe in den Griff kriegen, sich zur Ruhe und überlegtem Handeln zwingen. Läuft die Rettung? Was tun mit dem landenden Verkehr, der ja noch im Anflug ist. Wer darf noch landen? Welche Piste steht noch zur Verfügung? Wohin mit dem übrigen Verkehr? Koordination mit der Anflugkontrolle. Startbereite Piloten werden darauf dringen, noch schnell rauszukommen, bevor der Flughafen womöglich für Stunden geschlossen wird. Kann man

304 Menschen überlebten diesen Unfall in San Francisco. Drei Todesopfer waren zu beklagen, wobei zwei Menschen außerhalb des Flugzeugs gefunden wurden. Eine Person geriet unter den Löschschaum und wurde von einer Feuerwehr überfahren.

das verantworten? Was, wenn nochmal etwas passiert? Haben wir dann noch genügend Rettungskräfte? Die Löschtanks der Feuerwehrfahrzeuge sind leer. Der Lotse wird es ablehnen, der Käpten wird mit ihm streiten, die Nerven im Tower liegen blank, es kommt zu unschönen Wortwechseln … Rettungshubschrauber fliegen ein, die Presse ruft an, Vorgesetzte kommen auf den Tower, jeder stellt andere Fragen.

Es wird Stunden dauern, bis die Towerlotsen einmal ein paar Minuten für sich allein haben, bis sie begreifen können, was sie gerade erlebt haben. Dann kommen die Befragungen der Unfalluntersuchungskommission. Das Abfassen der Berichte. Und dann kommen die durchwachten Nächte. Manchmal dauert es Wochen, bis man wieder Schlaf findet. Auch wenn man nach Monaten wieder der Alte ist, so wird man doch nach Jahrzehnten noch daran denken. Ich spüre auch jetzt noch, nach 35 Jahren, wie sich manchmal in meinen Träumen mein Körper verkrampft, wenn ich alles von Neuem verarbeite.

Wenn Tag für Tag weltweit viele Millionen Menschen zu Land, zu Wasser und in der Luft bewegt werden, kommt es nun mal gelegentlich zu Unfällen. Es kennzeichnet die Sicherheit des Flugzeugs, dass dies so selten geschieht und wenn, dass dabei so wenig ernsthafte Personenschäden auftreten.

Notfall

60

Triage – Rot-Gelb-Grün

Bei Großschadensereignissen wie zum Beispiel einem Flugzeugunglück kommt es auf jede Minute an. Nach der Brandlöschung müssen die Menschen versorgt werden. Das ist in der allgemeinen Panik und Unübersichtlichkeit der Chaosphase sehr schwer und bedarf einer routinierten, straffen Führung durch einen On-Scene-Commander. Während Rettungskonvois von den umliegenden Städten und Ortschaften anrücken, treffen immer mehr Polizei, Bundesgrenzschutz, Rettungshubschrauber an der Unfallstelle ein.

In Minutenschnelle werden Zelte aufgestellt, die Triage eingerichtet. So hart das klingen mag, aber bei einem Massenunfall verfahren die Notärzte nach der Dreißiger-Regel: Für jeden am Unfall beteiligten Menschen können erst einmal nicht mehr als 30 Sekunden Zeit aufgebracht werden, um ihn in eine von drei Kategorien einzuteilen: Rot, Gelb oder Grün. 30 Sekunden später kümmern sie sich schon um den nächsten.

Einteilung in 30 Sekunden

Das Wort Triage stammt von dem französischem Verb *trier* ab und bedeutet »sortieren«. Die Verletzten werden nach Schwere und Dringlichkeit sortiert:

- Rot bedeutet, dass der Patient so schwer verletzt ist, dass er dringend medizinische Hilfe benötigt, um den Unfall zu überleben.
- Gelb steht für Patienten, die ebenfalls medizinische Hilfe benötigen, aber nicht in akuter Lebensgefahr schweben und auch ohne sofortige Hilfe den Unfall überleben werden.
- Unter Grün fallen alle Patienten, die nur leichte Verletzungen davongetragen haben und sich selbst fortbewegen können und zunächst auch keine medizinische Hilfe benötigen.

Bewährt haben sich Tafeln, Bänder oder Aufkleber, die den Opfern angeheftet werden können. Während ständig weitere Ärzte eintreffen, können sie sich der Verletzten gemäß den Prioritäten annehmen und sie entsprechend versorgen.

Große Flughäfen haben eine voll eingerichtete Krisenzentrale. International nennt man das Emergency Response and Information Center. Es ist mit allem ausgerüstet, was man zur Bewältigung der unterschiedlichsten Krisen benötigt, Entführungen, Demonstrationen, Bombendrohungen,

Während Rettungsdienste am Unfallort ihr Bestes leisten, kämpfen Krisenmanager aus allen Ressorts gegen die Folgen. Passagierlisten, Personalien, besorgte Anrufe von Angehörigen, Presse, Behörden, Justiz, zusätzliche Hilfskräfte, mögliche Flughafenschließung mit allen Folgen für zehntausende von Passagieren. Wellenartig breiten sich die Folgen in alle Richtungen aus.

Naturkatastrophen, Unfälle auf dem Flughafen, aber auch anderswo. Konferenztische, Informationszellen, Datenbanken, Besprechungsräume für Arbeitsgruppen, Videoanlagen, aber auch Pausen- und Ruheräume helfen, dass Krisenstäbe auch über längere Zeit leistungsfähig bleiben und sachdienliche Entscheidungen treffen können.

Während schließlich die Verletzten in die geeigneten Krankenhäuser gebracht werden, läuft in einem anderen Teil des Flughafens die Arbeit im Notfallinformationszentrum (NIZ) an. Denn sowie die Nachrichtenagenturen über den Unfall berichten, laufen Anrufe aus aller Welt im Flughafen auf. Verzweifelte Familienangehörige möchten wissen, ob ihre Kinder, Eltern, Geschwister oder Verwandte, aber auch Freunde unter den Überlebenden sind.

Das NIZ hat Dutzende von Bildschirmarbeitsplätzen und ist mit der modernsten Telefon- und Kommunikationsanlage ausgestattet, die es gibt. Jeder Mitarbeiter nimmt die Personalien, Adresse und Telefonnummer und Aufenthaltsort des Anrufers auf und trägt sie in eine Datenbank ein. Sowie dann Passagierlisten, Opferlisten, Verletztenlisten, Krankenhauslisten erhältlich sind, werden diese ebenfalls in die Datenbank eingepflegt.

Die Faustregel ist jedoch: keine Auskunft am Telefon über Todesopfer.

Passage

61

Schnittstelle zwischen Airline und Airport

Unter »Passage« versteht man neben Logistik, Technik und IT Services eines der tragenden Geschäftsfelder eines Lufttransportkonzerns. In der Passage stehen der Passagier, seine Sicherheit und sein Komfort im Mittelpunkt. Während die Airlines in erster Linie für die Beförderung von Passagieren, Gepäck oder Fracht, Fluggerät und die Flugzeugtechnik zuständig sind, schafft der Flughafen die Voraussetzung dafür, dass Zehntausende von Kunden möglichst reibungslos ankommen oder abfliegen können.

Austin, Texas gilt als Hauptstadt der Live-Konzerte. Die Flughafen-Deko ist auf Musikliebhaber und Direktflüge aus aller Welt ausgerichtet. Schon im Airport finden Live-Konzerte statt.

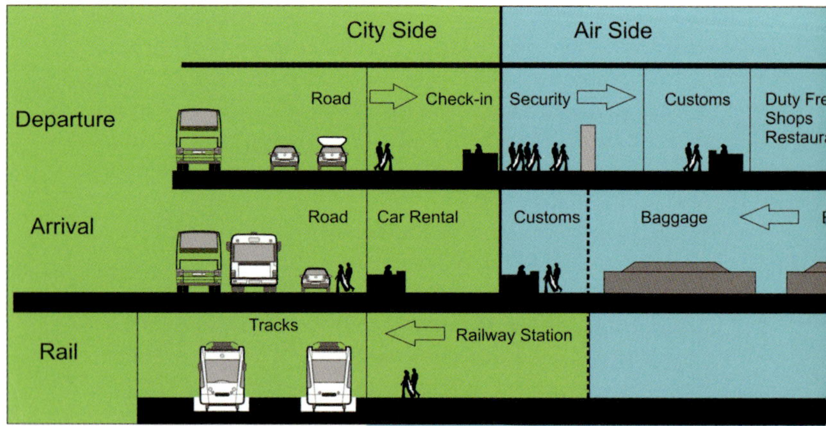

City Side – Air Side

62

Ab hier wird es ernst

Jede Person, ob Pilot, Flugbegleiter, Airport-Mitarbeiter oder Passagier, unterliegt an dieser Schleuse der Sicherheitskontrolle.

Innerhalb eines jeden Flughafens verläuft eine Grenze, die den Sicherheitsbereich vom öffentlich zugänglichen Teil abtrennt. Diese Grenze ist zwar durchlässig, wird aber von Sicherheitspersonal an Schleusen bewacht. Auch Piloten auf dem Weg zu ihrem Flugzeug werden rigoros durchgecheckt,

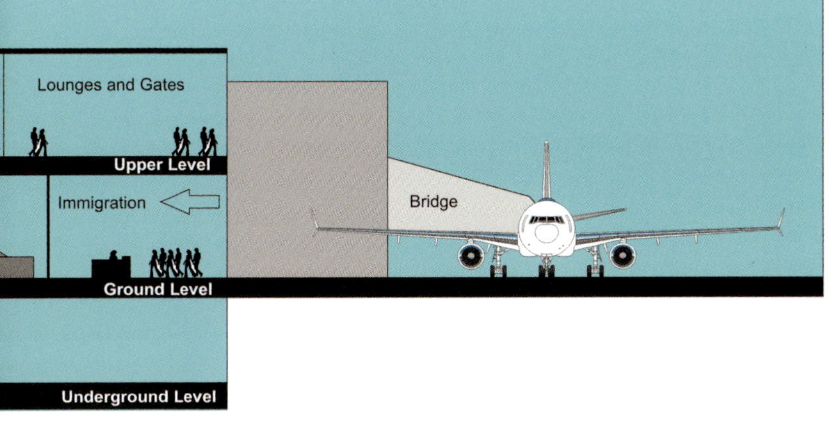

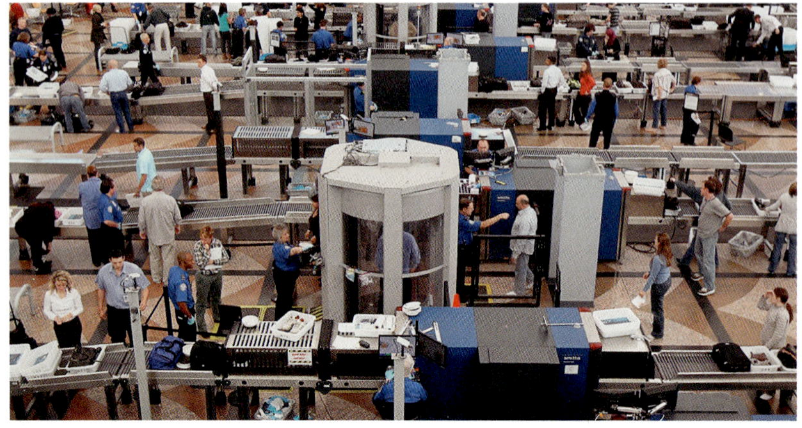

Sicherheitskontrolle in Denver. Hier ist die Nahtstelle zwischen City Side und Air Side.

müssen ihre Taschen leeren und alle Koffer und Utensilien röntgen lassen. Die City Side ist für Besucher, Begleiter und Abholer ohne Formalitäten zugänglich. Dort sind auch die Schalter, die meisten Läden, Apotheken, Reisebüros, Kinos und Restaurants. Und – falls vorhanden – die Krankenstation. Auf der City Side befinden sich auch die Vorfahrt zu Ankunft und Abflug, Ground Transportation, Taxistand, Busbahnhof, die Zugänge zu S-Bahn und Zügen, falls vorhanden.

Auf dem Weg vom öffentlichen Bereich auf der City Side muss jeder Passagier, Pilot, Airport- oder Airline-Mitarbeiter zur Air Side. Er muss dazu eine Sicherheitsschleuse passieren, denn dahinter gelten strenge Regeln. So darf kein Unbefugter ohne Begleitung auf das Vorfeld. Wer dort arbeitet, muss eine Einweisung absolvieren. Nach einer Wissensüberprüfung erhält er einen Zugangsausweis, der nach Teilbereichen der Air Side ausgestellt ist.

Fehler führen zur Einstellung des Betriebs

Immer wieder kommt es vor, dass ein verirrter Passagier einen Notausgang öffnet, oder an der Sicherheitskontrolle vorbeischlüpft, absichtlich oder unabsichtlich. Die Folge ist eine Vollsperrung des Sicherheitsbereichs und die Suche nach der Person. Das bedeutet für hunderte oder tausende von Passagieren, dass sie nicht zu ihrem Abfluggate kommen, dass der Verkehr für Stunden gestört ist. 2020 wurden nach einem solchen Vorfall 200 Flüge annulliert.

Autobahnanschluss

63

Verkehrspolitik im Alltag

Der wirtschaftliche Betrieb eines Flughafens ist von seiner verkehrstechnischen Anbindung abhängig. Es werden ja nicht nur Passagiere abgewickelt, sondern auch tausende von Tonnen an Luftfracht. Auch die Versorgung mit Ersatzteilen auf dem Landweg aus allen Richtungen eines Landes ist sicherzustellen. Die verästelte Logistik eines Großunternehmens, das wie ein Uhrwerk funktioniert, muss möglichst staufrei gewährleistet werden. Ein Netz von Autobahnen und Autobahnkreuzen mit reichlich Abfahrtsmöglichkeiten, intelligenter Verkehrssteuerung und alternativer Routenführung hilft, den Straßenverkehr am Fließen zu halten. Dabei ist es unerlässlich, dass möglichst frühzeitig auf den Flughafen hingewiesen wird. Zahlreiche Schilderbrücken im Flughafenbereich sollen den ankommenden Fahrern möglichst verzugslos den Weg zur richtigen Vorfahrt weisen. Dass man es hier mit Menschen aus aller Welt zu tun hat, sollte sich in der Allgemeinverständlichkeit der Beschilderung widerspiegeln.

Die Verkehrssysteme Straße-Schiene-Luft müssen ineinandergreifen und sich nahtlos ergänzen.

ÖPNV

64 Verzicht auf Privatverkehr

Flughäfen sind nun mal Schnittstellen zwischen dem öffentlichen Luftverkehr und den erdgebundenen Transportmitteln Straße, Schiene und in seltenen Fällen sogar Wasser. Besonders eine gute Anbindung an den öffentlichen Personen-Nahverkehr zur Stadt und ins Umland entscheiden über die Akzeptanz eines Flughafens. Idealerweise befindet sich der Busbahnhof in unmittelbarer Nähe der Gepäckhalle, der U- oder S-Bahnhof gar darunter. Raus aus der Halle, rein in den Bus oder die Bahn und schon bin ich unterwegs zur Stadt, oder ins Hotel, oder nach Hause.

Für ausländische Besucher sollte es die Möglichkeit geben, in einer Wechselstube, während er auf das Gepäck wartet, Geld für den Fahrkartenautomaten zu tauschen, oder das Bus- oder Bahnticket mit Kreditkarte zu bezahlen. Denn kaum ein Tourist ist in der Lage, in seinem Heimatland Fremdwährung in Münzen zu erhalten. Und wenn er dann, der örtlichen Sprache nicht mächtig, gleich von einem Fahrkartenkontrolleur ein erhöhtes Beförderungsgeld aufgebrummt bekommt, dann hat sich das Gastland schon in der ersten Viertelstunde einen Freund fürs Leben gemacht.

Wenn ein Flughafen für seine Kunden attraktiv sein will, muss er eine geschmeidige, schnelle und verkehrsgünstige Anbindung zum dazugehörigen Ballungszentrum anbieten. Den Frankfurter Regionalbahnhof nutzten laut der letzten Erhebung 15 Mio. Fahrgäste in jede Richtung. Aber selbst in Dresden war es zumindest eine halbe Million.

65

Fernverkehr

Zubringer auf der Schiene

Futuristisch und funktional, praktisch und kundennah: der Fernbahnhof am Frankfurter Flughafen mit Hotel und Konferenzzentrum

Nach und nach geht der Trend dazu über, Inlandsflüge zu vermeiden und stattdessen mit der Bahn anzureisen. Das ist sicherlich eine lobenswerte Einstellung. Sie hat allerdings einen Haken, der sehr teuer werden kann: Habe ich beispielsweise einen Flug von Frankfurt nach San Francisco gebucht, Einsteigezeit 10 Uhr, könnte ich zum Beispiel in München um 04:11 Uhr am Hauptbahnhof losfahren. Drei Stunden und 45 Minuten später wäre ich gegen acht Uhr am Flughafen. Streiken dann aber gerade mal wieder die Lokführer, werde ich den Flug verpassen. Einen Anspruch auf Erstattung des Tickets habe ich nicht, auch die Umbuchung auf einen späteren Flug liegt in der Kulanz der Airline. Habe ich hingegen einen Zuflug gebucht, und dieser verspätet sich, wird mich die Airline auf ihre Kosten in Frankfurt in einem Hotel unterbringen und mich mit der nächsten Gelegenheit an mein Ziel bringen, unter Umständen sogar mit einer anderen Airline, auf einem anderen Weg, und in einer höheren Klasse.

In jedem Fall ist es erstrebenswert, dass ein wichtiger Flughafen einen Anschluss an das Fernverkehrsnetz der Bahn hat.

Autovermietung

66

Wenn Flexibilität gewünscht wird

Geschäftsreisende nehmen sich nach der Ankunft am Flughafen gerne einen Mietwagen, besonders wenn sie außerhalb der angeflogenen Metropole zu tun haben. Vom Gepäckband geht's zum Mietwagenschalter, den Wagen hatte man bereits online reserviert. Man zeigt seinen Führerschein, unterschreibt den Vertrag, erfährt, wo der Wagen geparkt ist, fertig. In den USA findet man bei den großen Anbietern seinen Namen auf einer Anzeigetafel mit Parkplatznummer, man folgt der übersichtlichen Ausschilderung, findet sein Auto. Der Kofferraum ist schon offen, Gepäck rein, Klappe zu, der Schlüssel steckt, die Papiere liegen unterschriftsreif auf dem Fahrersitz. Den Führerschein zeigt man an der Ausfahrtsperre. Schneller und einfacher geht es nicht.

Kein Flughafen kann ohne Autovermietung auskommen. Auf der Ankunftsebene, gleich hinter der Gepäckhalle, findet man die Schalter der verschiedenen Firmen. Preisgünstiger ist es, auf eine Firma in der Stadt zurückzugreifen.

Doch diese Bequemlichkeit hat ihren Preis. Auf jeden Vertrag gibt es einen Flughafenaufschlag. Manchmal ist es ein Pauschalbetrag von ungefähr 25 Euro, manchmal ist der Tagestarif höher als in der Stadt. Der fällt nicht groß ins Gewicht, wenn man den Wagen nur für ein oder zwei Tage mietet. Da aber manche Urlauber den Wagen gleich für drei oder vier Wochen Urlaub behalten, tappen sie in eine Falle, die mit der Abschlussrechnung erst reuevoll zur Kenntnis genommen wird.

Und trotzdem hat die Anmietstation am Flughafen ihre Vorteile. Sie ist zum Beispiel länger geöffnet als ein Stadtbüro. Hat man bei der Reservierung die Flugnummer angegeben, wird der Wagen zur Ankunftszeit bereitgestellt, auch wenn der Flug mehrere Stunden Verspätung hat. Die Auswahl der Wagentypen am Airport ist größer als in der Stadt.

Taxi!

67

Der schnelle Weg zum Hotel

Kennt man sich in der Stadt nicht aus, ist man mit den Verkehrsregeln nicht vertraut, oder herrscht am Ende auch noch Linksverkehr, ist man gut beraten, auf ein Taxi zurückzugreifen.

Was für anreisende Passagiere ein faszinierender Anblick ist, bedeutet für die Fahrer Langeweile pur: der Taxiparkplatz. Hunderte von weißen, cremefarbigen, schwarzen oder bunten Taxis – je nach Land – warten auf einem riesigen Parkplatz, bis sich für den nächsten Wagen die Schranke zur Vorfahrt in den Ankunftsbereich öffnet. Die Taxifahrer warten oft zwei bis drei Stunden, bis das passiert. Das bedeutet, dass sie im Schnitt nicht mehr als vier Fuhren am Tag verbuchen können. Ob es sich trotzdem lohnt? Manchmal schon, aber eben nicht immer, erklärt der Chef einer Taxizentrale. Wenn sie nur zu einem Hotel gebracht werden wollen, das vier oder fünf Minuten weg ist, lohnt es sich nicht. Allerdings müssen die Fahrer nach einer solchen Lokalfahrt nicht mehr ans Ende der Schlange zurück. Das ist geregelt. Welche Kunden sind am unfreundlichsten? Na ja, Katari oder Saudis sind … etwas Besonderes. Sie sind nicht unfreundlich, aber sie haben besondere Wünsche. Und welche sind am freundlichsten? Ebenfalls die Araber. Sie sind einfach anders. Und natürlich die Briten! Auch Deutsche, so bis etwa 40. Aber es hängt mehr vom Menschen ab als von der Herkunft.

Parken am Flughafen

Die Gelddruckmaschine

68

Dass an Flughäfen viel Geld zu verdienen ist, spürt der Autofahrer im Parkhaus. Kaum ein Airport in Deutschland, Europa oder gar auf der ganzen Welt, der nicht riesige Parkhäuser in unmittelbarer Nähe des Terminals anbietet. Das hat eine wechselvolle Geschichte.

1949 gründeten Howard Metzenbaum und Ted Bonda in Cleveland, Ohio, die *A*irport *P*arking *C*orporation *Of* *A*merica, Inc. Metzenbaum war Senator in Ohio, Bonda war der Präsident eines Football Clubs, den Cleveland Indians. Beide investierten in Ländereien. Als in Cleveland ein neuer Flughafen auf ihren Grundstücken gebaut wurde, war ihr Wohlstand gesichert. Sie bauten an vielen amerikanischen Flughäfen Parkhäuser. 1966 verkauften sie die APCOA an den ITT-Konzern. Die deutsche ITT (SEL)

gründete in Stuttgart die APCOA Germany. Die wiederum expandierte nach Wien, Sunbury on Thames, Rotterdam und Mantua. 1975 kaufte sich die APCOA von ITT frei und wurde selbstständig. 1998 verschmolz sie sich mit dem amerikanischen Konzern Standard Parking. Längst hatte sie Niederlassungen und Parkhäuser in ganz Europa, von Norwegen bis in die Türkei. 1999 kaufte die Salamander AG aus Kornwestheim das Unternehmen. 2002 wurde die Salamander durch die EnBW-AG Karlsruhe gekauft. 2004 kaufte eine arabische Investment Gruppe aus Bahrain die APCOA.

Nach einer Bieterschlacht mit einer australischen Bank übernahm der französische Investment-Konzern Eurazeo für 885 Millionen Dollar den Parkhauskonzern. Doch die Franzosen vermochten nicht, dieses Megaunternehmen zu restrukturieren und häuften 440 Millionen Dollar Schulden auf. Der britisch-amerikanische Investor Centerbridge übernahm 2012 die Schulden, legte noch 80 Millionen obendrauf und ist seitdem Besitzer des größten Parkplatzanbieters der Welt.

Der Flächenbedarf der Flughafen-Parkhäuser ist enorm, nicht erst seit der SUV-Zeit.

Kiss & Fly

69

Verständnis für den Herzschmerz

Hiermit sind Halteplätze an Flughafenterminals gemeint, die nur zum Be- und Entladen von Flugpassagieren und deren Gepäck gedacht sind. Aber irgendjemand hatte ein mitfühlendes Herz. Man kann seine Liebsten nicht einfach rausschmeißen, ohne auszusteigen und sie noch mal für ein paar Minuten in den Arm zu nehmen. Ob das jedem Menschen gleichermaßen über den Trennungsschmerz hilft, weiß ich nicht. Die herzlose Alternative ist Vorfahren, Ausladen, Fahrt zum Parkhaus, Rennen vom Parkhaus zum Terminal, wo der Reisende so lange warten musste. Das kostet Zeit und meist auch einiges an Geld. So gibt es also seit einiger Zeit an immer mehr Flughäfen kostenlose Parkzonen, die zeitlich beschränkt sind und *Kiss & Fly* genannt werden. Damit sich die Schranke öffnet, zieht man ein Ticket, das für die angegebene Zeit kostenlos ist. Erst nach dieser Zeit wird eine Gebühr fällig.

Nicht minder praktisch und kundenfreundlich sind Auffangparkplätze für Abholer. Um nämlich zu verhindern, dass Vorfahrten an den Ankunftsterminals verstopft werden, oder Abholer stundenlang durch die Flughafenschleifen fahren, kann man den Abholerparkplatz anfahren, der idealerweise mit einer Informationstafel ausgestattet ist. Dort ist abzulesen, wann welche Flüge im Anflug oder gelandet sind und an welchem Terminal die Passagiere das Flughafengebäude verlassen werden. Besonders bei Verspätungen ist ein solcher Service sehr kundenfreundlich. Man kann sich dann per Telefon immer noch bei *Kiss & Fly* verabreden und den oder die Liebsten stürmisch begrüßen.

Auch Personen, die man nicht unbedingt küssen möchte, darf man hier kurz absetzen, ohne eine Parkgebühr zu bezahlen.

70

Reisemarkt

Hier werden Reisen verscherbelt

»Lust auf einen Wein auf Kreta oder ein Bier am Ballermann? Komm doch einfach mit. Kostet doch fast nix! Und morgen sind wir wieder zuhause!«

Je größer der Flughafen, umso sicherer wird man sie finden, die kleinen Schalter, an denen noch ein Restkontingent an offenen Sitzen zu Warmwasserzielen zu Dumpingpreisen verschleudert wird. Die ursprüngliche Idee war es, den Urlauberbomber noch in der letzten Minute mit kurzentschlossenen Schnäppchentouristen vollzukriegen, die außer Badehose, Kreditkarte, Sonnenbrille, Pass und Zahnbürste nichts benötigen und auch bezüglich des Reiseziels nicht wählerisch sind. Es handelt sich um gekaufte und bezahlte Pauschalreisen samt Hotelbuchungen, die nicht so kurzfristig zurückgegeben werden können.

So konnte ein sonnenhungriger Urlaubszocker am Airport aus der S-Bahn steigen und sich auf Griechenland oder die Algarve freuen. 15 Minuten später hat er stattdessen ein Ticket nach Zypern oder Mallorca in der Tasche, womöglich mit einem Hotelgutschein für eine Woche all inclusive in einem Hotel vor Ort. Und das alles für 140 Euro! Oder mit einem 25 Euro-Flash-Angebot nach Rom. Dort kann man sich dann vor Ort entscheiden, wie es weitergehen soll. Mittlerweile nimmt man die »letzte Minute« nicht mehr so wörtlich, man kann sich also durchaus schon mal auf Details vorbereiten. Geblieben ist die Regel: Bei *last minute* muss die Buchung zwischen 14 Tagen und 3 Stunden vor Reiseantritt erfolgt sein. Betroffen sind ausschließlich Charterflüge.

Reisebank

Letzte Chance zum Geldumtausch

Natürlich gehört zu einer gründlichen Reisevorbereitung auch die Überlegung, wie viel Bargeld man nach der Ankunft am Ziel seiner Reise benötigen wird. Bisweilen klemmt es schon an den passenden Münzen, um sich in der Ankunftshalle einen Gepäcktrolley zu holen. Ein kleiner Bargeldvorrat in Fremdwährung gibt da etwas Sicherheit. Die Hausbank hat meist wenig Devisenvorräte auf Lager, das wird man rechtzeitig bestellen müssen. Die Reisebank am Flughafen hat Währungen von allen wichtigen Ländern vorrätig, hat aber meist einen höheren Wechselkurs und verlangt auch noch eine satte Gebühr für ihren Dienst. Am besten ist es für den Reisenden, sich im Zielland am Geldautomaten mit einer günstigen Kreditkarte Geld in Landeswährung auszahlen zu lassen. Da entfällt nämlich die Geldwechselgebühr. Nur ein pauschaler Betrag für den Auslandseinsatz der Karte wird fällig.

Woher weiß ich, ob der Taxifahrer in Cincinnati Euro oder Kreditkarte nimmt? Hier ist die letzte Chance, Geld in Landeswährung umzutauschen.

Terminal

72

Beginn und Ende einer Flugreise

Terminal 2 in Frankfurt

Für den Passagier ist das Terminal das Herzstück eines Flughafens. Hier erhält er alle notwendigen Informationen für seinen Flug, hier kann er einchecken und sein Gepäck abgeben. In den letzten Jahrzehnten haben sich Flughäfen jedoch zu Dienstleistungszentren entwickelt. In Frankfurt/Main findet man zum Beispiel Banken, Supermärkte, Buchhandlungen, Floristen, Geschäfte zur Bedürfnisbefriedigung, wie Kleidung, Schuhe, Schmuck, Reisegepäck, Unterhaltungselektronik, Friseur, Restaurants und Bars, Spielcasino, Spielhallen, Andachtsräume für verschiedene Religionen, Kinos, Hundepension und Reisebüros.

Hier kann der Reisende seinen Hunger stillen und den Durst löschen. Er kann sich von der Anreise ausruhen oder einfach die Wartezeit bis zum Abflug verbummeln, denn wo Menschen warten, ist ein Markt. Terminals sollen freundlich sein, funktional, weitläufig und übersichtlich. Sie sollen abfliegende, ankommende und wartende Passagiere trennen. Dabei ist auch auf Schengen, Non-Schengen, USA und UK sowie Israel zu achten.

Das Terminal 5 in New York JFK. Es wurde einst von der Trans World Airlines in Auftrag gegeben. Heute ist es der Hub von jetBlue Airways.

Im Terminal haben die Airlines ihre Büros, belegen eigene Schalter. Hier werden die Passagiere von ihrem Gepäck getrennt, das sie dann hoffentlich an ihrem Zielflughafen wiedererhalten. Viel Raum nehmen die verschiedenen Sicherheitsschleusen ein, wo Passagiere, Handgepäck und Personal durchleuchtet werden. Der Grenzschutz betreibt im Abflugterminal die Ausreisekontrolle, während er auf der Ankunftsebene die Einreise kontrolliert. Der Zoll ist in der Gepäckhalle angesiedelt. Verlässt man diese, stößt man auf die Vorfahrt oder den Busbahnhof. Oft gibt es außerdem eine S-Bahn oder einen Fernbahnanschluss.

Es ist nicht ungewöhnlich, dass Flughäfen mehrere Terminals besitzen. Los Angeles hat gleich acht Terminals.

An dem Entwurf der Terminals dürfen sich manchmal berühmte Architekten verwirklichen, auf deren Handschrift weit gereiste Passagiere in aller Welt treffen können. Paul Andreu zum Beispiel entwarf in seinem Leben etwa 50 Terminals in Europa, Afrika und Asien. Auch das markante Terminal des Pariser Charles-de-Gaulle-Flughafens stammt von ihm. Im Gegensatz dazu hat die irakische Architektin Zaha Hadid nur einen einzigen Flughafen entworfen, den seesternähnlichen Daxing-Airport von Beijing. Aber auch der ist ein Meisterwerk an Eleganz, wie alle anderen ihrer Projekte weltweit.

Der Mega Airport von Singapur gilt seit Jahrzehnten als der beste Flughafen der Welt.

Anzeigetafel

Digitales Fernweh

73

Die Anzeigetafel am Flughafen Frankfurt ist ein weltberühmtes Unikat.

Das Herzstück eines interkontinentalen Flughafens war von jeher die Anzeigetafel. Das Rauschen und Rattern der Zahlen und Buchstaben mit Fallblatttechnik vermittelt Reisefieber, Internationalität und Neugier. Welche Airline fliegt wohin? In welche Länder kann man von hier fliegen? Wie viele Flüge gehen hier pro Stunde ab? Ist mein Flieger pünktlich?

In Frankfurt sind die vier Tafeln seit 1972 in Betrieb und wurden 1999 erneuert. Sie sind nämlich zu einem Wahrzeichen des Flughafens geworden. Dabei stehen an strategischen Punkten längst Videotafeln in Augenhöhe, die selbstständig durchscrollen und die gleiche Information anbieten. Die große Tafel in der Halle wird regelmäßig überprüft, einzelne Elemente ausgetauscht. Jede der vier Anzeigen besteht dabei aus vier jeweils

4x4 Meter großen Teilen. 4800 Schaltwerke – jedes umfasst 52 verschiedene Zeichen auf 52 Blättchen – befinden sich auf einer Tafel. Es gibt alle Zahlen von 0 bis 9 sowie das Alphabet, Sternchen, Minuszeichen, Punkt, Doppelpunkt und Schrägstrich.

Gesteuert wird die Tafel von einem Server im Rechenzentrum. Die Flugdaten kommen aus der zentralen Flughafendatenbank. Diese wird wiederum von der Verkehrsdatenzentrale verwaltet. Die Fallblattanzeige aktualisiert sich spätestens alle 15 Minuten. Nach acht abgeflogenen Flügen organisiert sich die Tafel neu. Beim neunten Flug beginnen sich die Blättchen zu drehen. Alle Fallblattmodule sind dann in Bewegung und die Tafel aktualisiert sich. Ab und zu bleiben ein paar kleine Blättchen hängen, und der Betrachter rätselt, wo »Johannesburu« liegt. Das liegt meist am Feinstaub, der sich in den Schaltwerken festsetzt. Dann klemmt ein Buchstabe. Nachts wird die Tafel gewartet. Wenn die Luftdruckreinigung nicht hilft, müssen die Teile ausgebaut und manuell gesäubert werden. Bricht die Datenversorgung einmal zusammen, fährt sich die Tafel nach zwei Stunden automatisch schwarz. So wird verhindert, dass alte Daten im Terminal angezeigt werden.

2010 kündigte der Hersteller an, die Tafel nicht mehr dauerhaft versorgen zu können. Doch an der Tafel hängt so viel Sentimentalität auch unter den Mitarbeitern, dass sich Fraport entschloss, alle Schaltwerke generalüberholen zu lassen, damit sie noch möglichst lange hält.

Abflugtafel bei jetBlue in New York

Einzelhandel

74

Shoppen statt Einkaufen

Psychologie bei der Arbeit. Auge und Herz kaufen mit, die Kreditkarte sitzt locker, schließlich ist Reise- und Urlaubszeit.

»Überall, wo Menschen warten, gibt es einen Markt«, weiß der Handel. Das sieht man besonders an großen Bahnhöfen und Flughäfen. Die Atmosphäre des Airport-Umfelds bietet ein anderes Flair als die Fußgängerzone einer Innenstadt. Der internationale Flugverkehr bringt es mit sich, dass Gäste mit hoher Kaufkraft aus Deutschland, Europa oder dem Rest der Welt ankommen oder abfliegen. Da bleibt es nicht aus, dass Gelegenheitskäufe über den Ladentisch gehen oder der Kunde sich in das mondäne Ambiente eines Bistros oder Restaurants zurückzieht und sich die Zeit bis zum Abflug versüßt. Die Preise in den Shopping-Meilen sind hoch, höher als in der Stadt. Aber im Flughafen geht man üblicherweise nicht einkaufen, sondern »shoppen«. Und doch haben auch große Supermarktketten Filialen in den Flughäfen eingerichtet, wo der Rückkehrer von einer Reise noch schnell seinen Kühlschrank füllen kann, den er vor der Abreise geleert hat.

Trotz des zu erwartenden Entertainmentprogramms an Bord verbringen viele Reisende Zeit in der meist gut sortierten Reisebuchhandlung und packen noch schnell einen Reiseführer für ihr Urlaubsland ein. Auch Lesestoff für den Langstreckenflug lädt zum Kauf ein.

Schlafen im Flughafen

Bequem geht anders

75

Gelegentlich muss man für einen frühen Flug morgens um 5 Uhr einchecken. Man reist am späten Abend an und hat dann noch sechs Stunden Zeit. Meist gehen der Flughafen und seine Annehmlichkeiten nach 22 Uhr in den Ruhezustand über. Zeit, es sich in einem Sessel bequem zu machen. Doch manche Flughäfen möchten genau das verhindern, indem sie Sitzelemente mit Armlehnen aus Metall aufstellen. Nichts ist mit ausstrecken. Also kauert man sich auf der Sitzfläche irgendwie zusammen. Oft sind die Terminals nachts hell erleuchtet, laut und kalt. Die Plattenböden werden nachts mit Reinigungsmaschinen bearbeitet, die endlose Kreise ziehen.

Andere Airports scheinen erkannt zu haben, dass sie Kunden anziehen können, wenn man es sich dort gemütlich machen kann. Top of the list ist natürlich Singapur, Flughafen, Erlebnispark und Shoppingmeile in einem. Hat man die Sicherheitsschleuse passiert, wird man in allen vier Terminals reichlich Schlafsessel finden. Diese haben sogar einen Wecker und Lademöglichkeiten für die mitgeführte Elektronik.

Und doch muss an allen Flughäfen gewarnt werden, nicht offen und sorglos sein Handgepäck neben sich liegen zu lassen, während man schläft. Manchmal wacht man auf und hat zwar noch die Kopfhörer auf, aber das Gerät ist weg, oder der Trageriemen des Notebooks ist noch um die Schulter, aber die Tasche samt Inhalt sind weg. Das gleiche gilt für die persönlichen Dokumente.

Nicht alle Flughäfen haben Schließfächer. Also wird man das Gepäckdepot aufsuchen müssen und die Sachen gegen eine Gebühr von 5 bis 10 Dollar verwahren lassen.

Es gibt eine sehr gut bestückte Website, auf der man sich über alle Flughäfen und ihre Annehmlichkeiten informieren kann: www.sleepinginairports.net.

Der Jetlag fordert sein Recht. Wohl dem, der an einem Flughafen landet oder startet, der ein Herz für erschöpfte Reisende hat, wie hier in Singapur.

Airport Hotels

76

Praktischer geht's nicht

Kaum jemand wird am Ziel seiner Flugreise in einem üblicherweise hochpreisigen Airport-Hotel absteigen. Vielmehr wird er entweder in der Stadtmitte eine Unterkunft suchen, oder aber er quartiert sich preisgünstig im Umland ein. Und trotzdem werden an den großen Flughäfen Transit-Hotels mit tausenden von Zimmern mit gehobenem Standard gebaut. Wenn Flugzeuge wegen Schneekatastrophen liegenbleiben, Umsteiger ihren Anschlussflug verpassen, Fluggesellschaften bestreikt werden, sind im Nu die Hotels voll. Als 2010 wegen der Vulkanasche aus Island der Flugverkehr am Boden stand, musste der Frankfurter Flughafen täglich 1400 Flüge annullieren. Üblicherweise passieren täglich 140 000 Reisende den Flughafen. Viele ausländische Transitpassagiere hatten damals kein Visum für Deutschland. Also stellte der Flughafen im Transitbereich tausend Feldbetten für gestrandete Passagiere auf.

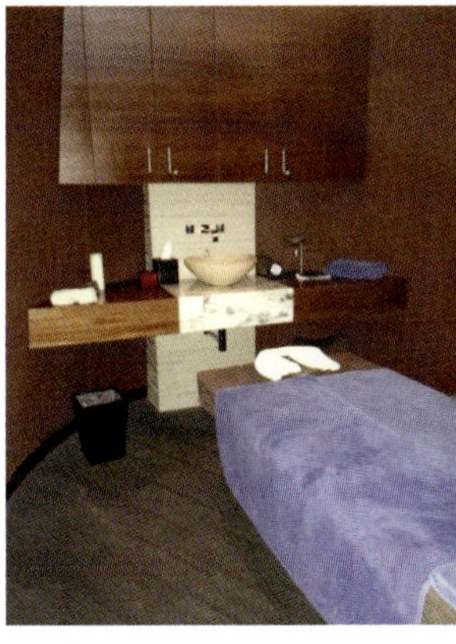

Ruheliegen in Singapur

Airport-Hotels eignen sich jedoch auch für Konferenzen, deren Teilnehmer aus verschiedenen Teilen des Landes oder des Kontinents anreisen. Man kann mit einer frühen Maschine einfliegen, trifft sich im gebuchten Tagungsraum und kann am Abend wieder ins Flugzeug steigen. Natürlich haben Airlines Rahmenverträge mit den Hotels, in denen der Zimmerpreis schon mal bei 400 Euro pro Nacht liegen kann. Auch Airline-Crews erhalten großzügige Rabatte.

Reisestress vermeiden

Landung am Urlaubsort nachts um 2 Uhr. Ins gebuchte Hotel kann man frühestens gegen Mittag. Im Flughafen sind alle Sessel, Sitze belegt. Reisende liegen auf dem Boden, den Kopf auf der Reisetasche. Draußen ist es kalt, alle Shops sind zu, der Kaffeeautomat ist leer. Aber das Flughafenhotel ist offen, keine hundert Schritte von der Ankunftshalle. Die Preise sind nachfragebedingt hoch, aber die Aussicht auf eine Dusche und eine Nacht im Bett, gefolgt von einem kultivierten Frühstück, ist verlockend.

Check-in

77

Digital ist Trumpf

Kaum ein Prozess am Flughafen wurde in den letzten zwanzig Jahren so sehr revolutioniert wie der Check-in. Früher buchte man seinen Flug in einem Reisebüro und erhielt ein kleines Heftchen mit seinen Tickets und den Beförderungsbedingungen. Mit Verbreitung des Internets eliminierten die Fluggesellschaften die Reisebüros und die Kommissionszahlungen. Der Kunde buchte seinen Flug mit ein paar Mausklicks selbst und bezahlte mit seiner Kreditkarte. Am Flughafen konnte er die Kreditkarte in einen Self-Check-in-Automaten einlesen und erhielt seinen Boarding Pass mit den aktualisierten Daten ausgedruckt. Sogar sein Gepäck konnte man selbst aufs Band stellen, nachdem man die Banderole mit dem Barcode ausgedruckt und befestigt hatte. Statt mit dem Bordkartendrucker konnte man sein Ticket auch zuhause auf Papier ausdrucken und mitbringen.

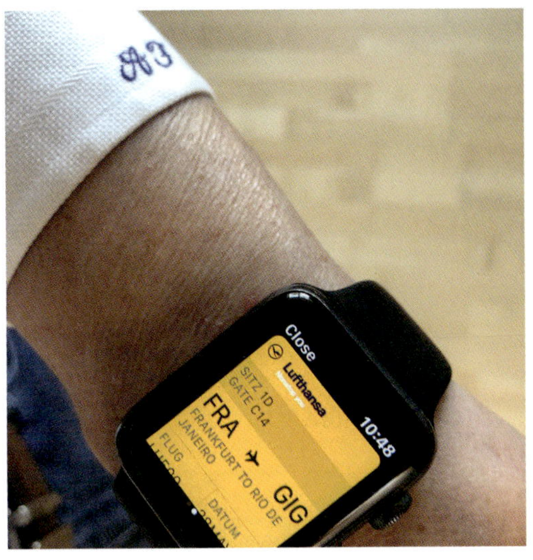

Elektronisch lesbarer Boardingpass im Smartphone oder auf der Smartwatch ersetzen heute die Flugscheinheftchen und den Ausdruck auf Papier.

Check-in in Bangkok Suvarnabhumi Airport

Oben: Schalterhalle in Bangkok. Unten: Check-in und Gepäckaufgabe am Schalter

Die nächste Neuerung war das Ticket auf dem Smartphone. 24 Stunden vor Abflug wurde es dann ergänzt durch den elektronischen Boarding Pass. Mit der Smartwatch am Handgelenk genügt sogar diese als Flugticket. Der letzte Schrei ist die Gesichtserkennung. Ist man bei der Airline mit seinen biometrischen Daten und seinem maschinenlesbaren Reisepass registriert, genügt es, dem Lesegerät an der geschlossenen Schranke einen Blick zuzuwerfen, und die Flügel öffnen sich von selbst. Die Steuerung hat dabei verglichen, ob die Person einen Flug an diesem Tag gebucht hat und der Passagier berechtigt ist, die Sperre zu passieren. Je nach Flughafen wird man dann über das Display seines Mobiltelefons oder seiner Smartwatch zum richtigen Gate geführt. Das kann sogar akustisch gehen, wenn man das so eingestellt hat.

Self-Check-in am Automaten

Gepäck

78

Abschied vom Koffer

Wer auf eine Urlaubs- oder Geschäftsreise geht, wird mindestens einen Koffer bei sich haben, der möglichst zur selben Zeit am Zielflughafen ankommen soll. Da nicht jeder Passagier sein Gepäck mit an seinen Platz nehmen kann, muss er ihn ab einer bestimmten Größe am Schalter aufgeben.

Für die meisten Airports sind Gepäck-Odysseen Vergangenheit. Mit der Verfeinerung der Barcodeleser und der fortschrittlichen Automatisierung bleibt einem Koffer fast gar nichts anderes mehr übrig, als mittels eines Fördersystems, das beispielsweise in Frankfurt 67 Kilometer Länge

hat, zum Flugzeug zu gelangen. Und doch ist es eine der anspruchsvollsten Aufgaben eines Flughafens, täglich zigtausende von Koffern und Taschen, aber auch Surfbretter, Kinderwagen, Fahrräder, Gemälde oder Skier zuerst vom Passagier zu trennen, es dann noch mal zu kontrollieren und zeitgerecht und unbeschädigt zu seinem Flugzeug an einer der 200 Parkpositionen zu bringen.

In den Katakomben eines Flughafens rasen die Koffer der Passagiere zum Flugzeug.

Die Gepäckbeförderungsanlage muss reibungslos funktionieren, sonst hat das für den Airport, die Reisenden, für den Flugbetrieb und die Airline unangenehme Konsequenzen.

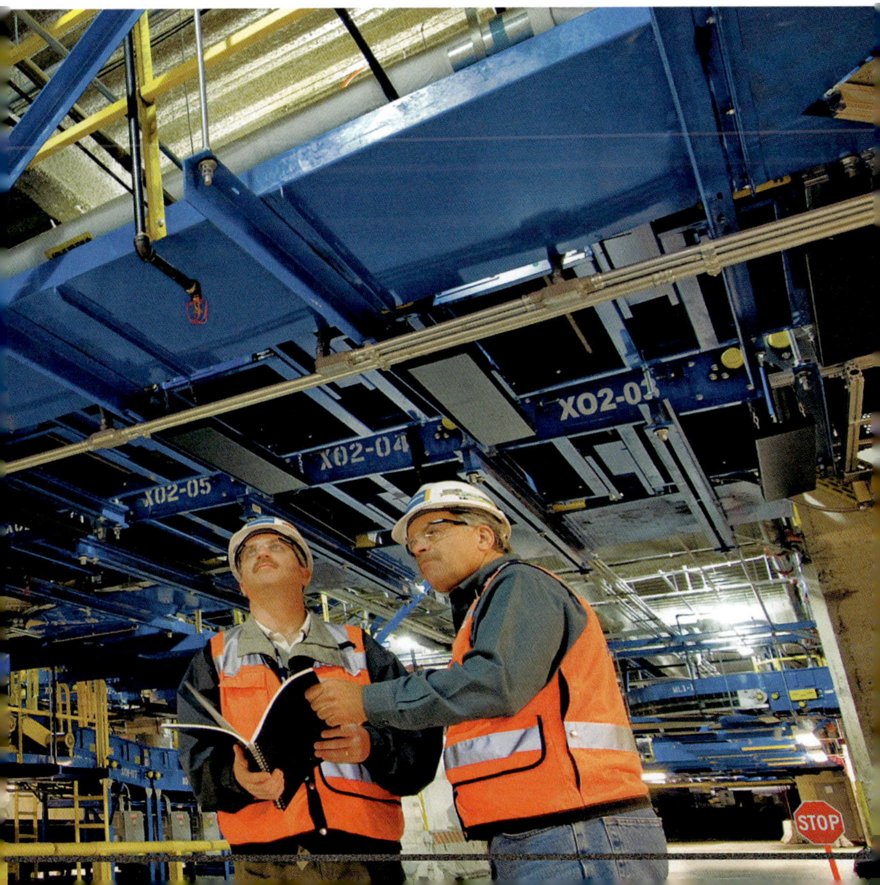

Gepäckcontainer

Rationelle Verladung

79

Man unterscheidet zwischen Ankunftsgepäck, Umsteigergepäck und Originärem Abfluggepäck. Nur in Schmalrumpfflugzeugen werden Koffer und Rucksäcke noch lose in den Laderaum gestellt und mit Gepäcknetzen verzurrt. In den größeren Maschinen werden Leichtmetallbehälter benutzt. Jeder dieser Container fasst 35 bis 45 Koffer. Dies garantiert einen schonenden Transport und lässt sich schneller be- und entladen.

Die Fraport hat ein System entwickelt, mit dessen Hilfe schon beim Beladen dieser Container jedes Gepäckstück mit Position innerhalb des Aluminiumbehälters registriert wird. Sollte es später notwendig werden, den Koffer eines Passagiers, der nicht an Bord ist, wieder auszuladen, kann dies in kürzester Zeit geschehen. Nach und nach übernehmen die anderen Airlines der Star Alliance diese Technik.

Statt die Koffer wie früher einfach in den Gepäckraum zu stopfen und mit einem Netz zu sichern, verstauen es die großen Airlines heutzutage sorgfältig in Containern.

80

Ankunftsgepäck

Geordnet nach Beförderungsklassen

Übersichtliche Gepäckausgabe in Bangkok

Kaum hat eine Maschine ihre Triebwerke abgestellt, wird der Laderaum geöffnet. Bei einer Boeing 747 ist die Ladekante des Gepäckraums 5,20 Meter über dem Boden! Im Inneren des Flugzeugs sind Fördereinrichtungen, über die die Container auf die angedockten Hebebühnen rollen. Aber nur zwei Container haben darauf Platz. Die Plattform wird dann abgesenkt, damit die Container auf die Gepäckwagen verladen werden können. Mit jedem Hub werden also etwa 90 Koffer entladen, bis alle Anhänger eines Gepäckschleppers voll sind. Der Frankfurter Flughafen besitzt etwa 200 Schlepper und 1800 Anhänger! Ist ein Schleppzug voll, macht er Platz für den nächsten, der bereits wartet. Die wendigen Fahrzeuge werden nun flink wie auf einer Kartbahn zur designierten Gepäckaufgabehalle befördert. Bereits vor der Landung des Flugzeugs werden Ankunftsgate und Gepäckrundlauf zugeordnet, damit die Abholer wissen, an welchem Ausgang sie warten müssen. Dabei wird bereits nach Ausland und »Schengen« unterschieden.

Während die Passagiere sich vom Flugsteig durch das Gewirr von geräuschlosen Rollbändern, chromblitzenden Rolltreppen, lückenlosen Passkontrollen und klinisch sauberen Ankunftshallen bewegen, wird in verborgenen Hallen das Gepäck in Ankunftsgepäck und Umsteigergepäck sortiert. Und es kommt vor, dass die ersten Koffer bereits auf einer der 34 Rundlaufanlagen liegen, wenn man in der Gepäckhalle ankommt.

Die Airlines bemühen sich, den Vollzahlern, den Business- und First-Class-Passagieren einen Zeitvorteil einzuräumen und lassen das Gepäck bereits beim Abflug vorsortieren, damit es nach der Ankunft als erstes ausgeladen und an das Band gebracht wird. Singapore Airlines unterscheidet sein Gepäck gar in zwölf verschiedene Kategorien. Gepäck, das nicht abgeholt wird oder nicht zugeordnet werden kann, landet im 24-Stunden-Lager. Ist es am nächsten Tag noch immer nicht abgeholt worden, landet es im Zollgepäcksammellager und wird in eine weltweite Datenbank für herrenloses Gepäck aufgenommen, die für die Nachforschung zugänglich ist.

Umsteigergepäck

81

Diktat der Minimum Connecting Time

Das aussortierte Umsteigergepäck geht über ein Fördersystem weiter zur Abfluggepäckanlage, wo es in das Gepäck aus den Abflughallen sortiert wird und zur Verladung kommt. Dieser Vorgang ist das Nadelöhr eines Airports. Manche Flughäfen fordern deshalb bis zu 120 Minuten Minimum Connecting Time zwischen Umsteigeverbindungen. Auf deutschen Flughäfen sind effiziente 45 Minuten garantiert: 15 Minuten für Entladung, 15 Minuten für Transport, Sortieren und Weitertransport, und 15 Minuten für Beladung in die Anschlussmaschine. Nun muss man sich vor Augen halten, dass so manche Zubringermaschine Gepäck für etwa 30 und mehr verschiedene Anschlussflüge dabeihat. Es stehen also nur knappe 15 Minuten zur Verfügung, um im ungünstigsten Fall einen Koffer von einem Ende des Flughafens zum anderen Ende zu bringen.

Von den etablierten Airlines liegen bereits vor Ankunft der Maschine Informationen über den Anteil des Umsteigergepäcks vor. So lassen sich, besonders im Falle einer verspäteten Ankunft, Schwerpunkte erkennen und planen.

Besonders beim Umsteigergepäck ersetzt die Arbeit die Muckibude, wenn 20 Kilo schwere Koffer unter Zeitdruck herumgewuchtet werden müssen.

82

Frühgepäck

Stundenlang im Kreis

Beispiel einer Lagerhaus-Lösung in Singapur

Gepäck, das schon viele Stunden vor Abflug aufgegeben wird, wird in Frankfurt in einen Frühgepäckspeicher mit 8200 Einheiten abgezweigt, wo es im Kreis fährt, bis es zeitgerecht abgerufen und der richtigen Entnahmestelle zugeführt wird. Andere Flughäfen betreiben einen Gepäckspeicher, dem auch Umsteigergepäck zugeführt wird, das nicht sofort verladen werden kann.

Je nach Rolle eines Flughafens wird man sich zwischen einer förderbandbasierten und einer Lagerhaus- oder Gepäckhotel-Lösung entscheiden müssen.

Frühgepäckspeicher in San Francisco

Originäres Abfluggepäck

Beginn eines komplizierten Prozesses

83

Was sich am einfachsten anmutet, ist der komplexeste Vorgang. In Frankfurt kann der Passagier sein Gepäck derzeit an 408 verschiedenen Schaltern in den beiden Terminals und in den beiden Bahnhöfen einchecken. Es durchläuft verschiedene Sicherheitsprozeduren, wird gewogen und mit einem maschinenlesbaren Baggage Tag versehen, auf dem Flugnummer, Anschlussflugnummer, Destination und Individualnummer des Gepäcks aufgedruckt wurden. Das Gewicht wird der Airline übermittelt, da es Einfluss auf die Treibstoffmenge hat. Je nach Parkposition des Flugzeuges ist spätestens 20 Minuten vor dem Start »Annahmeschluss« für Gepäck am Check-in-Schalter. Es wird in absehbarer Zukunft an den deutschen Flughäfen nicht mehr möglich sein, seinen Koffer selbst zum Gate zu schaffen. Zu oft war das Anlass für Verspätungen, außerdem schaffte dies Probleme bei der Verladung und Registrierung.

Wie von Geisterhand bewegt, fahren sie.

Unterirdisches Schienensystem

84

Unsichtbar bis zur Verladung

Durch dieses weltweit einzigartige System durchläuft es mit einer Geschwindigkeit von 5 Metern pro Sekunde unterirdische Hallen und Tunnels, bis es an einer der 87 Entnahmestellen ankommt.

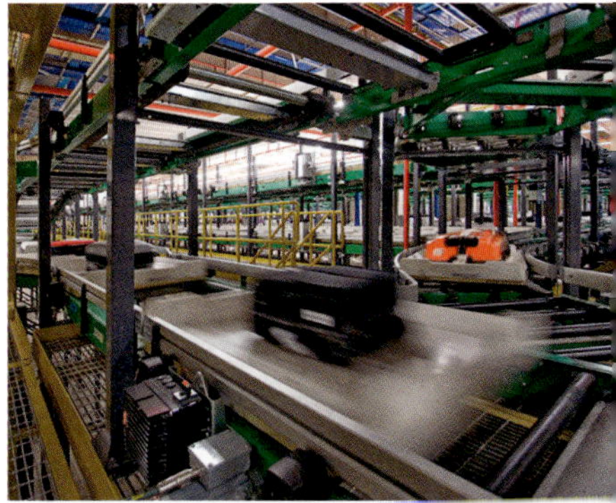

Vor allem dort, wo mehrere Terminals gebaut wurden, bleibt für das Schienensystem nur noch der Untergrund.

Der Passagier, der in Frankfurt eincheckt, erhält seine Bordkarte mit den Gepäckabschnitten. Was immer er der Airline anvertraut hat, verschwindet in einem Aufzug, der das Gepäck – für den Passagier unsichtbar – in eine Wanne ablegt. Gepäckstück und Flugnummer wurden mit einer dieser 18 000 bereitstehenden Gepäckwannen »verheiratet«, der Transport läuft an. Die Wannen tragen einen maschinenlesbaren Code, der vor jeder Weiche gelesen wird. Wie von Geisterhand bewegt, fahren diese Wannen mit einer Geschwindigkeit von 5 Metern pro Sekunde durch ein Labyrinth aus 6000 Gurtbahnen, 7000 Räderbahnen durch 4000 Kurven, über 1600 Weichen, über 300 Lifte durch Hallen und Tunnels. Sie werden von 2000 elektronischen Sperren gesteuert und von 16 000 Antrieben bewegt, bis sie an einer von insgesamt 87 Entnahmestellen zeitgerecht auf einen Gepäckwagen geladen werden können. Die Anlage hat eine Sortierleistung von 18 000 Stück pro Stunde und wird von 270 Mitarbeitern betrieben und gewartet. Sie hat einen Wert von 350 Millionen Euro und ist in ihrer Leistungsfähigkeit weltweit einmalig.

Gepäcksicherheit

85 Sprengstoff und Drogen haben keine Chance

Natürlich wird Sicherheit ganz großgeschrieben. Stationäre und mobile Röntgenanlagen sind allerorts im Einsatz, jedes Gepäckstück wird durchleuchtet, darüber hinaus wird in einem für den Passagier fast unbemerkten Verfahren darauf geachtet, dass kein Gepäckstück befördert wird, wenn der dazugehörige Passagier nicht persönlich an Bord ist. Passenger Baggage Reconciliation nennt man das.

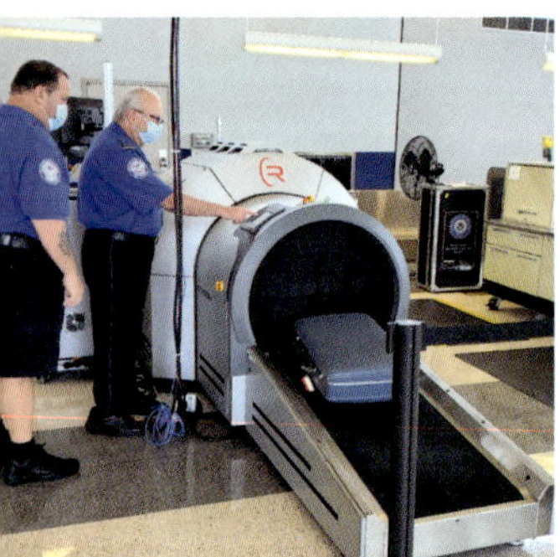

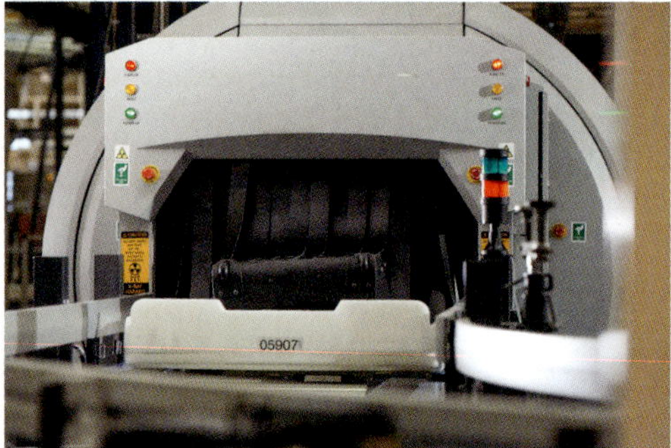

Der Wettbewerb zwischen Terroristen und Flughäfen resultiert in einer chemisch-technischen Aufrüstung in den Katakomben der Flughäfen. Immer intelligentere Sniffer- und Röntgensysteme spüren gefährliche Gepäckstücke auf.

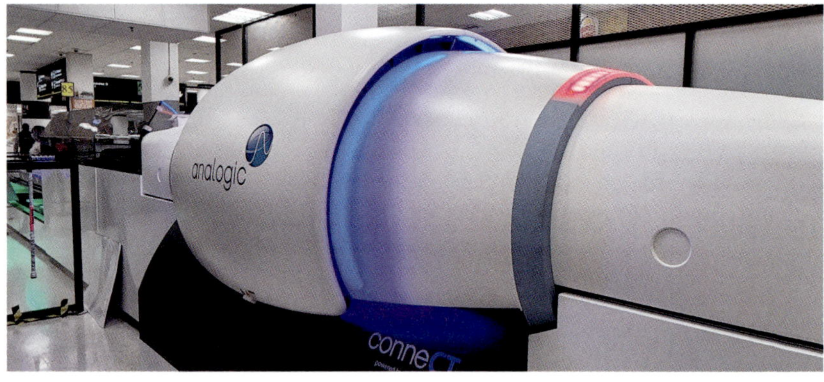

Lost and Found

86

Jacke oder Hut vergessen?

Wer kennt nicht das Gefühl am Gepäckband, wenn man auf seinen Koffer wartet, die meisten Koffer bereits abgeholt wurden, die letzten beiden immer wieder vorbeikommen, und schließlich das Gepäckkarussell abgestellt wird. Dann wandert der Blick zur Gepäckermittlung oder zum Lost & Found Schalter.

Bei meinen häufigen USA-Flugreisen in den 1970er- und als Reiseleiter in den 1980er-Jahren passierte es mir bestimmt schon Dutzende Male, dass ich in der Ankunftshalle vergeblich auf Gepäck wartete. Das ist mehr als ärgerlich, denn es dauert bestimmt eine Stunde, bis man im Fundbüro den Koffer beschrieben, den Inhalt grob aufgezählt und die Reklamation ausgefüllt hat. Zeit, in der die Familie oder Reisegruppe warten muss, die eigentlich lieber unterwegs ins Hotel wäre. Elektronik, Barcodeleser und Datenbanken machen es heute zumindest theoretisch möglich, den Koffer in Minutenschnelle aufzuspüren, egal wo in der Welt er gerade herumschwirrt. »Ihr Koffer und 20 andere stehen noch in Montenegro. Sie wurden aus Gewichtsgründen wieder ausgeladen«, sagte man mir einmal nach meiner Ankunft in Frankfurt. »Er kommt morgen mit der nächsten Maschine. Hinterlassen Sie mir Ihre Adresse, wir bringen ihn zu Ihnen nach Hause.«

Was sich liest wie eine Schlamperei, hat einen nachvollziehbaren Hintergrund. Ist dieser Maschinentyp nämlich mit 100 Passagieren voll beladen, greift die Faustregel: Man rechnet mit 15 kg pro Durchschnittspassagier, denn Kinder haben gemeinhin keine 20 kg Gepäck dabei. Da sich der junge Staat aber gerne ins Bewusstsein Europas spielen will, finden im Sommer Konzerte, Kultur- und Sportveranstaltungen statt. Diese Gruppen reisen stets mit großem Gepäck. Und das bleibt dann schon gerne einmal stehen, weil die Maschine gerammelt voll ist, oder weil die Startstrecke wegen der Tageshitze sonst nicht ausreicht. Und dann ist da ja noch das »Gepäck vom Vortag« …

Das also ist die harmlose Variante, es sei denn, man hätte verderbliche Ware oder wichtige Medikamente im Gepäck. Ärgerlich ist es, wenn man am Urlaubsort ohne Gepäck ankommt, und am nächsten Tag von dort eine Rundreise starten möchte. Für den Fall gibt es einen Einkaufsgutschein, um sich das Nötigste zu besorgen. Oder der Koffer ist beschädigt oder gar zerstört. Auch hierfür haftet die Airline, wenn sofort reklamiert wird.

Die nächste Variante ist, dass ein Koffer bei einer Umsteigeverbindung nicht durchgecheckt wurde. Er kreist dann stundenlang auf dem Gepäckkarussell, bis er vom Zoll eingesammelt und auf Drogen oder Sprengstoff untersucht wird. Auch Geld, verderbliche Lebensmittel oder nasse Wäsche werden entnommen. Drei Monate hat der Besitzer Zeit, seine Ansprüche anzumelden. Danach geht der Koffer automatisch in das Eigentum des Flughafens über. Der beauftragt dann ein Auktionshaus mit der Versteigerung. Die Bieter erfahren vorher nicht, was im Koffer steckt. Manchmal sind es geschmacklose Klamotten, Schmutzwäsche oder Kitsch, ein andermal findet sich ein Notebook, ein Handy, oder ähnliches. Es gibt bei diesen Versteigerungen Stammkunden, die diesen Nervenkitzel lieben.

Gepäckermittlung

Bei Beschädigung von aufgegebenem Reisegepäck muss der Fluggast binnen sieben Tagen, bei verspätetem Reisegepäck binnen 21 Tagen, nachdem es ihm zur Verfügung gestellt wurde, schriftlich (per Einschreiben mit Rückantwort) die Forderung an das Flugunternehmen stellen. Da »Lost & Found« meist in der Gepäckhalle untergebracht ist, kann man das Verfahren vereinfachen, wenn Reklamationen von Beschädigungen sofort gemeldet werden. So kann die Airline den Schaden sofort in Augenschein nehmen und schriftlich bestätigen.

87

Andachtsraum

Zeit zur Einkehr

Seelsorge am Frankfurter Flughafen. Reisen sind manchmal Gelegenheiten, zu seinem Glauben zurückzufinden oder sein Leben zu überdenken.

Stille und Besinnlichkeit findet der Reisende in den verschiedenen Andachtsräumen, die viele große Flughäfen anbieten. Es sind Gebetsräume, die für die großen Religionsgemeinschaften eingerichtet wurden. Am Stuttgarter Flughafen steht ein Prayomat (= Gebetomat), der Reisenden vor Abflug auf besinnliche Gedanken bringt. Der Automat ist durch einen Vorhang begehbar und erinnert an einen Passbildautomaten. Man kann sich an einem Bildschirm durch ein Menü wählen, das ungefähr 300 Gebete in 65 Sprachen aus verschiedenen Weltreligionen – Buddhismus, Christentum, Hinduismus, Islam und Judentum – sowie zahlreichen kleineren Religionen und Glaubensrichtungen als Audio-Dateien anbietet. Es handelt sich um authentische Gebete gläubiger Menschen, die in Gottesdiensten, Andachtsräumen, Wohnungen und Orten aller Art gesammelt wurden. Die Gebete der Weltreligionen sind nach ihren Glaubensrichtungen gegliedert, die der anderen Religionen nach ihrem ethnischen bzw. geografischen Hintergrund. 50 Cent reichen für 5 Minuten, 1 Euro für 10 Minuten, 2 Euro für 20 Minuten. Der Gebetomat wurde vom Berliner Künstler Oliver Sturm entwickelt. Gedacht ist der Gebetomat für Bahnhöfe, U-Bahn-Stationen, leer stehende Kirchen, Gebetsräume in Universitäten, Flughäfen, Kaufhäuser, städtische Plätze, Autobahn-Rastplätze und andere Orte des öffentlichen Lebens.

Gate Management

88

Wer parkt wo?

Die meisten Passagiere mögen keine Außenpositionen. Sie nehmen lieber eine kilometerweite Hetzjagd zum letzten Gate eines Flugsteigs auf sich, als terminalnah in einen Bus einzusteigen und sich bequem zum Flugzeug chauffieren zu lassen. Das Verhältnis in Frankfurt ist 134 Außen- zu 63 Gebäudepositionen, der zweite deutsche Großflughafen München hat ein Verhältnis von 54 zu 60.

Wie wird entschieden, wo ein Flugzeug geparkt wird? Ob es auf einer Außenposition abgefertigt wird. Oder an einem der Flugsteige. An welchem Terminal? An welchem Gate?

Es sind viele Faktoren, die dabei berücksichtigt werden müssen. Für jede Gate-Zuweisung müssen mehrere Fragen geklärt werden: Welche Gates sind für welche Maschinen von der Spannweite und Höhe der Türkante her geeignet? Ist ein Einrollen möglich? Die Nähe zu den Abfertigungsschaltern spielt eine Rolle; wie viele Umsteigepassagiere auf Maschinen der gleichen Airline habe ich? Habe ich einen freien Gate-Slot? Kommt die Maschine aus dem Ausland, Inland oder Übersee? Kommt sie aus einem Schengen-Staat oder nicht? Wenn Schengen, ist sie dann auch zollbefreit oder nicht? Kommt oder geht sie nach Israel, Großbritannien oder in die USA? Türkische und griechische Airlines dürfen nicht nebeneinandergestellt werden, ebenso wenig wie die MEA, EL AL oder Airlines aus anderen arabischen Ländern. Überfliegt sie amerikanisches Territorium z. B. auf dem Weg nach Mexiko? Gibt es derzeit zwischen zwei Nachbarstaaten einen schwelenden Konflikt, wie z. B. zwischen Indien und Pakistan, dann parkt man die Air India und die PIA möglichst weit auseinander, auf dass nicht unversehens ein handfester Streit am Gate ausbricht, der durch die elegante Zuweisung eines anderen Flugsteigs gar nicht erst entstehen kann.

Passagiere für Flüge nach Großbritannien und den USA unterliegen einer weiteren Sicherheitsüberprüfung. Für die Zeit, in der diese Maschinen abgefertigt und beladen werden, herrscht höchste Sicherheitsstufe. Kein anderes Flugzeug darf in ihre Nähe, es sind zusätzliche Streifen, Wachen, Sicherheitskräfte abgestellt, der Passagier muss noch einmal durch eine Schleuse, Schuhe werden geröntgt, Pass und Ticket noch mal überprüft.

Und das letzte, was man einem Passagier zumuten möchte, ist ein kurzfristiger Gate-Wechsel, nachdem er diesen Hindernislauf bereits zweimal hinter sich gebracht hat.

Bangkok lässt seine Passagiere durch diesen Schlauch gehen. Er beeindruckt ankommende Reisende genauso wie abfliegende.

Flughafensicherheit

Dem Terror keine Chance

89

Darunter sammelt sich alles, was der Vorbeugung gegen Verbrechen, insbesondere Terroranschläge, auf einem Flughafen dient. Flughäfen sind stets ein bevorzugtes Ziel für den Terrorismus, weil Menschen aus vielen Nationen gleichzeitig getroffen werden können. Das sichert weltweite Aufmerksamkeit.

Flughafensicherheit ist ein Teilbereich der Luftsicherheit, bei der es allgemein um die Verhinderung terroristischer oder anderer krimineller Einwirkungen auf die Sicherheit des zivilen Luftverkehrs geht. Sie hat nichts mit den Begriffen Flugsicherheit zu tun. Dabei handelt es sich nämlich um die Verhinderung von Flugunfällen. Die Flugsicherung wiederum regelt die Verkehrsabläufe im Luftraum.

Full Body Scanner in Köln-Bonn

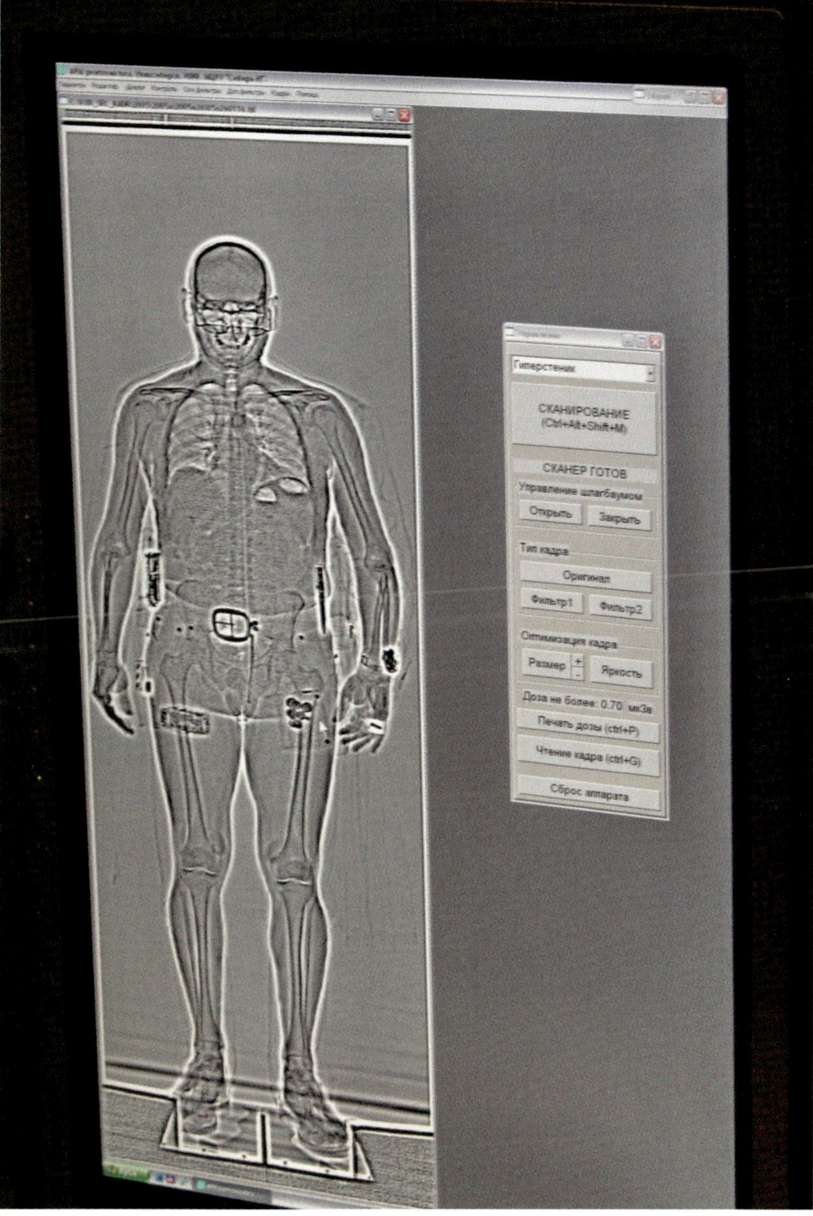

Full Body Scanner in Moskau-Domodedovo

Bundespolizei

90

Allgegenwärtige Sicherheit

Bis 2005 hieß die Behörde Bundesgrenzschutz. Denn zum Schutz der deutschen Grenzen waren längst zahlreiche weitere Aufgaben hinzugekommen. Gerade an den 14 deutschen Verkehrsflughäfen setzt sie das Luftsicherheitsgesetz um, indem sie alle erforderlichen Maßnahmen zum Schutz vor Angriffen auf die Sicherheit des zivilen Luftverkehrs wie Flugzeugentführungen und Sabotageakte trifft.

Die Bundespolizei überwacht die Abfertigung einer israelischen EL AL Maschine.

Bundespolizisten in voller Kampfmontur

Auf amerikanischen Flughäfen wird nicht gekleckert, sondern geklotzt.

Das erstreckt sich auf:

- Kontrolle der Fluggäste sowie des von ihnen mitgeführten Hand- und Reisegepäcks unter Einsatz speziell geschulten Personals und moderner Luftsicherheitskontrolltechnik
- Maßnahmen bei der Feststellung von Gegenständen, von denen eine Gefahr ausgehen könnte, z. B. durch Sicherstellung verbotener Gegenstände wie Waffen und Munition oder durch Entschärfung unkonventioneller Spreng- und Brandvorrichtungen
- Überwachung des gesamten Flughafengeländes
- Schutzmaßnahmen bei besonders gefährdeten Flügen und Luftfahrtunternehmen

Bombendrohung

Es gibt immer noch Leute, die meinen, wenn sie verspätet zum Flughafen unterwegs sind, sie könnten ihren Flug aufhalten, indem sie mit unterdrückter Rufnummer die Airline anrufen und behaupten, es befände sich eine Bombe an Bord. Sie glauben allen Ernstes, in der Zeit, die für die Entladung des Flugzeugs und die Durchsuchung des Gepäcks benötigt wird, in Ruhe ihr Fahrzeug zu parken und einchecken zu können. Natürlich nimmt ein Flughafen jede Drohung ernst, und ja, alle Passagiere müssen wieder aussteigen und sich zurück zum Gate begeben. Alles Gepäck wird entladen und von Spürhunden untersucht, das Flugzeug womöglich an einen sicheren Ort geschleppt, weg vom Gebäude. Gleichzeitig wird die Passagierliste auf sogenannte No-Shows untersucht, das sind Kunden, die aus irgendwelchen Gründen nicht für den gebuchten Flug eingecheckt haben. Und schon hat man Namen. Tauchen die Passagiere dann verspätet auf, wird die Polizei einige peinliche Fragen stellen. Auf dem Mobiltelefon werden sich Spuren von dem Anruf finden. Die Provider helfen gern. Es kann als gesichert angenommen werden, dass der Schlaumeier schließlich nicht nur diesen Flug verpassen wird, sondern auch noch eine empfindliche Strafe folgt, von der gesalzenen Rechnung der Airline ganz abgesehen.

2003 ruinierte sich eine 28-jährige Studentin mit mehreren anonymen Anrufen am Flughafen Düsseldorf ihre Zukunft. Wegen Beziehungsproblemen wollte sie nicht mit ihrem Freund gemeinsam in den gebuchten Urlaub nach Teneriffa fliegen und drohte dem Flughafen mit einer Bombenexplosion. Sie hoffte, dadurch die Stornierungskosten zu sparen. Der Flughafen wurde daraufhin geschlossen, fast 200 Flüge gestrichen. 15 000 Passagiere saßen fest, der Schaden wurde auf 1,4 Millionen Euro beziffert. Das Gericht verurteilte die Studentin vier Jahre später zu 207 000 Euro Schadenersatz, zahlbar in Monatsraten über die nächsten 30 Jahre von ihrem Einkommen. Ihr bleibt gerade mal der Betrag unterhalb der Pfändungsgrenze. Einer dreijährigen Gefängnisstrafe entging sie nur durch ihr lückenloses Geständnis.

Die hoheitlichen Aufgaben im Flugbetriebsbereich überlässt der Bund nicht dem privaten Wachschutz.

Zoll

91

Kontrolle von Ein- und Ausreise

Mit dem Zoll kommt der Passagier meist erst nach der Landung in Kontakt. Nicht wenn er aus Wien oder Paris ankommt, sondern aus den Nicht-Schengen-Ländern. Ganz besonders Passagiere, die aus Südamerika oder Südostasien zurückkommen, erfahren die ganze Effektivität von Zollbehörden und der Drogenfahndung. Hunde mit feiner Nase beschnüffeln die Passagiere und deren Handgepäck schon beim Verlassen des Flugzeugs. Die Wartezeit an der Gepäckausgabe dauert oft doppelt so lange wie nach Ankunft einer Maschine zum Beispiel aus den USA.

Dem äußerst feinen Geruchssinn der Zollhunde entgeht kein noch so gut verstecktes Rauschgift.

Abgefischt

Bei internationalen Umsteigeverbindungen wird man zwar das Flugzeug verlassen und in den meisten Fällen innerhalb des Transitbereichs zu einem anderen Gate gehen können. Hier fühlte sich schon so mancher Passagier mit Dreck am Stecken sicher, weil er meinte, der Transitbereich sei exterritoriales Gebiet, und tappte in die Falle. So flog 2011 ein Amerikaner von Lagos in Nigeria nach Atlanta in den USA. 1996 hatte er seine Frau mit seinen zwei Kindern in Neu-Ulm sitzen gelassen und war unbekannt verzogen. Die Mutter erstattete daraufhin Anzeige wegen Unterhaltsflucht. Beim Umsteigen in Frankfurt griff die Bundespolizei zu. Der Vater wurde in Haft genommen und musste für 15 Jahre Unterhalt für Frau und Kinder nachbezahlen.

»Diese Zigaretten reduzieren drastisch Ihr Leben in Freiheit.« Allein im ersten Halbjahr 2021 griff der Zoll Schmuggelware im Wert von 2 Mio Euro auf.

Artenschutz

92 Neozoen und Neophyten

Auf dem Gebiet des Artenschutzes im Rahmen des »Washingtoner Artenschutzübereinkommens« und der nationalen Naturschutzgesetze tragen die Zollstellen entscheidend zur Durchsetzung der strengen Handelsbeschränkungen zum Schutz der bedrohten Tier- und Pflanzenwelt bei. Allein im ersten Halbjahr 2020 entdeckten Frankfurter Flughafen-Zöllner 72 400 geschützte Tiere und Pflanzen, die illegal eingeführt werden sollten. Bei den knapp 1300 lebenden Tieren handelte es sich häufig um artengeschützte Schildkröten, Zierfische, Korallen und Schlangen. Aber auch Echsen und Pfeilgiftfrösche gehören zu den begehrten Arten. Auch die Einfuhr von Präparaten oder Produkten geschützter Tiere ist verboten und wird vom Zoll verfolgt. Spektakulärster Fund waren bisher über 1300 Paare Damenschuhe aus Python- und Rattennatterleder, die aus China nach Italien gebracht werden sollten. Weiterhin wurden in großen Mengen Schwarz- und Braunbärfelle, teilweise mit Schädel, Schmuck, Figuren und Ziergegenstände aus Elfenbein, Krokodilhäuten, sowie Hand- und Aktentaschen, Schuhe, Taschen und Gürtel aus Krokodil- oder Schlangenleder und Erzeugnisse aus Kakteenholz sichergestellt. Auch Kaviar ist seit dem 1. April 1998 durch das WA unter Schutz gestellt.

Da auch zahlreiche Muscheln und Korallen von den artenschutzrechtlichen Bestimmungen erfasst werden, unterliegen Reisemitbringsel in Form von Korallenbruchstücken, Muschelhälften oder Fechterschneckengehäusen ebenfalls der Beschlagnahme bei der Einfuhr. Der gewerbliche

Der dicht wachsende, immergrüne Kirschlorbeer dient sommers wie winters als Sichtschutz, ist pflegeleicht und dank fehlender Krankheiten und Schädlinge leicht zu unterhalten. Aber er ist auch sehr effizient darin, sich auszubreiten. Man findet ihn mittlerweile in Wäldern und wilden Hecken. Er unterdrückt unter anderem Frühblüher wie Bärlauch und Buschwindröschen. Das wiederum verändert die Insektenwelt.

Schmuggel von geschützten Tieren und Pflanzen ist zumindest am Frankfurter Flughafen wegen der scharfen Kontrollen stark zurückgegangen. Die Mehrzahl der Verstöße gegen artenschutzrechtliche Bestimmungen wird von Touristen begangen. Bei diesen besteht zum Teil Unkenntnis über die Vorschriften oder es werden Informationen von nicht zuständigen Stellen eingeholt. Auch falsch verstandene Tierliebe ist ein Grund für den Erwerb lebender Tiere. Täuschungshandlungen von Verkäufern über die Artenschutzbestimmungen sind ebenfalls nicht ausgeschlossen. Angebliche Ausfuhrzertifikate müssen nicht bei der Einfuhr anerkannt werden. Immer wieder hören die Beamten/innen die gleichen Einwendungen: »Das habe ich nicht gewusst«, »Das Tier ist doch sowieso schon tot«, oder »Ich besitze diese Ware schon seit Jahren und habe noch nie Probleme damit bekommen«. Solche Ausreden »ziehen« allerdings nicht, denn Unwissenheit schützt auch hier vor Strafe nicht und einen langjährigen Besitz muss der Reisende dem Zoll durch geeignete Unterlagen nachweisen. Zuwiderhandlungen gegen artenschutzrechtliche Bestimmungen werden als Ordnungswidrigkeit (bis zu 50 000 Euro Bußgeld) bzw. in schweren Fällen als Straftat (bis zu 5 Jahren Freiheitsstrafe) verfolgt.

Auch lebende Schlangen werden geschmuggelt.

Unerwünschte Ausbreitung

Flughäfen sind nicht nur Tore zur Welt, sie sind auch ein einzigartiges Einfallgebiet für invasive Tiere und Pflanzen. Lange unterschätzt, stellen gebietsfremde Arten eine der größten Bedrohungen für die Biodiversität dar. Sie können einheimische Arten verdrängen, zu Gesundheitsproblemen beim Menschen und zu ökonomischen und ökologischen Schäden führen. Hier ist der Zoll das letzte Bollwerk gegen die Verfremdung unserer Natur. Neozoen sind artfremde Tiere, die mal nichtsahnend, mal mit Absicht von Touristen eingeschleppt werden. Sie vermehren sich bei uns unkontrolliert, denn sie haben keine natürlichen Feinde. Infolgedessen bringen sie unsere einheimische Flora und Fauna aus dem Gleichgewicht.

Passkontrolle

Auch zur eigenen Sicherheit

93

Bei der Ausreise aus einem Land muss ein gültiger Pass vorgelegt werden, vorher darf man die Grenze zwischen City Side und Air Side nicht übertreten. Und das hat viele gute Gründe. Da manche Familien ihre Reisepässe gerne an derselben Stelle in einer Schachtel, Schublade oder Schatulle aufbewahren, kommt es schon mal vor, dass der geschäftsreisende Ehemann versehentlich den Pass seiner Frau einsteckt. Da ist es besser, es wird noch zuhause entdeckt, statt bei der Einwanderung in China. Bei allein reisenden Erwachsenen mit Kindern wird geprüft, ob die erwachsene Begleitperson auch das Einverständnis der sorgeberechtigten Elternteile hat, die Kinder mit auf die Reise zu nehmen. Denn allzu oft versucht ein Vater oder eine Mutter sich mit dem Kind ins Ausland abzusetzen. Außerdem wird die Gültigkeit des Passes geprüft. Auch das kann vor Ärger bei der Einreise schützen, denn manche Länder schreiben vor, der Pass müsse ein halbes Jahr über den beabsichtigten Aufenthalt hinaus gültig sein.

Schließlich setzt sich auch hier die Elektronik immer weiter durch. Der e-Pass ist schon an allen modernen Flughäfen eingeführt. Hier wird der Chip im Pass mit dem Erscheinungsbild des Reisenden verglichen. Auch Iriserkennung kann eine Rolle spielen, wenn man sich vorher hat registrieren lassen.

Gechipt und maschinenlesbar: unser Reisepass

Gesichtserkennung

94

Posenunabhängige Biometrie

Manchen ist die biometrische Gesichtserkennung unheimlich, für andere kann es nicht schnell genug ausgebaut werden.

An verschiedenen Flughäfen ist die Gesichtserkennung bereits flächendeckend in Gebrauch. Meist ist sie noch halb automatisch, d. h. man legt seinen Pass auf einen Scanner, das Bild wird ausgelesen, eine Kamera richtet sich auf die Größe der Person ein, die auf einer Markierung steht. Der Computer vergleicht das Bild mit den Daten aus dem Pass und öffnet die Tür. Der Fluggast ist erkannt, die Ein- oder Ausreise ist genehmigt und natürlich auch registriert. Theoretisch geht das schon jetzt ohne Pass, Big Data macht's möglich. Fluggesellschaften experimentieren längst damit, ob man ganz auf Ticket und Boarding Pass verzichten kann. Das menschliche Antlitz als Personalausweis, als Schlüssel für alles, was man darf, oder auch als Steckbrief für die Fahndung nach Straftätern. Diebstahl von Pässen oder Kreditkarten wäre dann kein Thema mehr. Sogar Autos könnten dann nur noch von einer registrierten Person gestartet werden, wenn man das so will. Gesichtserkennung ist ein wirksames Mittel gegen Identitätsdiebstahl. Dabei werden markante Punkte durch Strecken miteinander verbunden, deren Länge und Winkel bekannt sind. Hinzu kommt künstliche Intelligenz, die anhand von Trainingsdaten ebenfalls einen Output generieren.

Es gibt Versuche, die biometrischen Merkmale durch Fotografien, Silikonmasken, kopierte Finger- oder Handabdrücke und Iriserkennung zu täuschen. Dabei ist die biometrische Gesichtserkennung wegen der Vielzahl dreidimensionaler Merkmale von allen gängigen Methoden noch die sicherste, so Paravision, einer der Marktführer auf diesem Gebiet. Deren Software hat sich sogar im Corona-Härtetest bei Maskenträgern bewährt. Längst öffnet man jedes Smartphone mit posensicherer Gesichtserkennung.

Schengen

95

Freier Personenverkehr

Wenn man über Pass- und Zollkontrolle spricht, muss man den Begriff »Schengen« erklären. Was nämlich das grenzenlose Reisen innerhalb Europas erleichtern soll, kann komplizierte Auswirkungen auf die Organisation eines europäischen Flughafens haben. Schengen ist eine Gemeinde im Großherzogtum Luxemburg. 1985 wurde dort der Vertrag über den Wegfall der Personenkontrollen innerhalb der Europäischen Union unterzeichnet. Mit Schengen-Staaten bezeichnet man einen »Raum ohne Binnengrenzen, der das Hoheitsgebiet der Mitgliedstaaten der Union mit Ausnahme von Irland und Zypern umfasst, die den Schengen-Vertrag vollständig anwenden. Oder aktuell treffender: Raum ohne systematische Personenkontrollen an den Binnengrenzen derjenigen Staaten, die das Schengen-Abkommen vollständig anwenden, mit Ausnahme der ausgeschlossenen Teile des Hoheitsgebiets eines Staates.«

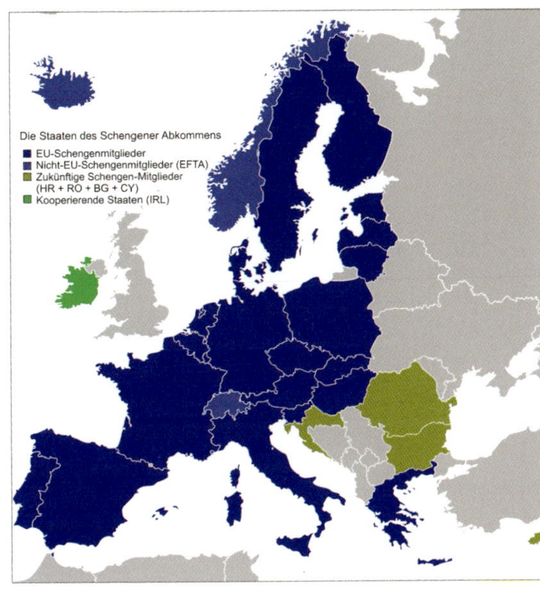

Nicht alle Mitgliedsstaaten der EU gehören zum Schengen-Raum, aber alle Schengen-Staaten gehören zur EU.

Zu den Schengen-Staaten gehören derzeit: Belgien, Dänemark, Deutschland, Estland, Finnland, Frankreich, Griechenland, Island, Italien, Lettland, Liechtenstein, Litauen, Luxemburg, Malta, Niederlande, Norwegen, Österreich, Polen, Portugal, Schweden, Schweiz, Slowakei, Slowenien, Spanien, Tschechien und Ungarn. Einige Staaten gehören nicht mit ihrem gesamten Hoheitsgebiet dem Schengen-Raum an. Ausgeschlossen sind die französischen Überseegebiete Clipperton, Französische Süd- und Antarktisgebiete, Französisch-Guayana, Französisch-Polynesien, Guadeloupe, Martinique, Mayotte, Neukaledonien, Réunion, Saint-Barthélemy, Saint-Martin, Saint-Pierre und Miquelon und Wallis und Futuna. Außerdem gehören nicht zum Schengen-Raum die niederländische Karibik mit Bonaire, Saba und Sint Eustatius sowie die dortigen autonomen Länder Aruba, Curaçao und Sint Maarten. Auch Spanien hatte seine Vorbehalte mit den in Nordafrika gelegenen Städten Ceuta und Melilla. Griechenland schloss den Berg Athos aus, Dänemark die Färöer-Inseln und Grönland, Norwegen hatte Vorbehalte mit Spitzbergen. Nicht zum Schengen-Raum gehören Andorra, Bulgarien, Kroatien, Monaco, Rumänien, San Marino, Vatikanstadt und Zypern. Einreisende Passagiere aus dem Schengen-Raum werden beim Grenzübertritt normalerweise nicht kontrolliert. Das hat sich in Coronazeiten allerdings überlebt, da möglicherweise kurzfristig Quarantänemaßnahmen verhängt wurden.

Security

96 Durchleuchten, röntgen, filzen

Noch in den 1970er-Jahren trug ich stets ein Schweizer Taschenmesser bei mir, wenn ich aus dem Haus ging. Bei einer Flugreise war das nicht anders. Auch damals musste man schon durch eine elektromagnetische Schleuse. Davor legte ich alle meine metallischen Gegenstände einschließlich meines Taschenmessers in ein kleines Körbchen, damit nichts piepste. Alles erhielt ich nach der Schleuse zurück. Inzwischen haben sich die Werte unserer Weltgemeinschaft so verändert, dass jeder Mensch als Sicherheitsrisiko betrachtet und behandelt wird. Die Unschuldsvermutung hat in der Passagierfliegerei spätestens seit dem 11. September 2001 keinen Platz mehr. Also wäre es den für die Sicherheit Verantwortlichen wahrscheinlich am liebsten, die Passagiere würden nackt und ohne Gepäck zum Flughafen kommen. Da sich dies aber bisher nicht durchgesetzt hat, wird rigoros gecheckt, durchleuchtet, abgetastet, entfernt, weggenommen und vernichtet, was das Gesetz hergibt.

We check your luggage ...

Handgepäck, Tascheninhalt, Notebook, Laptop, Kameras werden durchleuchtet und mit Spektralanalyse auf Sprengstoff untersucht. Aber auch der Gürtel, die Armbanduhr, der Geldbeutel, das Mobiltelefon, die Brille, die Schuhe müssen durch den Gepäckscanner. Werden Sie misstrauisch, wenn man Sie auffordert, Ihren goldenen Ehering abzunehmen. Der fehlt dann womöglich, wenn Sie nachher im Gedränge versuchen, alles wieder dorthin zu verstauen, wo Sie es vorher hatten. Auch von Ihrer Wasserflasche werden Sie

Es gehört eine gründliche Schulung und viel Übung dazu, anhand eines Röntgenbildes gefährliche Gegenstände im Gepäck zu entdecken.

Security-Schleuse im Terminal 7 von Los Angeles International Airport

sich jetzt trennen müssen. Entspannen Sie sich, wenn man Ihnen in Frankfurt Ihr Nagelnecessaire abnimmt. Sie können gleich hinter der Sperre ein neues kaufen.

München wurde zwischen 2016 und 2021 für 38 Millionen Euro mit 3D-Computertomographen aufgerüstet. Fortan ist es dort nicht mehr nötig, das Notebook aus der Tasche zu holen. Das Handgepäck braucht nicht mehr ausgepackt zu werden. An der neuen Doppelschleuse können pro Stunde bis zu 520 Passagiere abgefertigt werden – eine Steigerung von rund 160 Prozent.

... and we check you!

München ist leider nicht überall. Sowie Sie sich aller metallischen Gegenstände entledigt und sie dem – meist schlecht bezahlten – Sicherheitspersonal anvertraut haben, dürfen Sie, je nach Land und Flughafen auch strümpfig, durch die Schleuse treten. Piepst es, haben Sie Ihr Halskettchen vergessen, oder Ihre Ohrringe oder anderen Körperschmuck. Auch der Stahlnagel in Ihrem Oberschenkel, den Sie endlich vergessen hatten, wird sich lautstark bemerkbar machen.

Die effektivsten Scanner sind natürlich die Nacktscanner. Sie blenden alle Kleidung aus und bilden jeden soliden Gegenstand ab, wie zum Beispiel ein Messer aus Plexiglas. Menschenrechtsgruppen haben stärkste Vorbehalte angemeldet.

Fahrsteige

Entspannung auf dem Weg zum Flugzeug

97

Großraumflugzeuge haben eine Spannweite von ca. 65 bis 80 Metern von einer Flügelspitze zur anderen. Mit etwas Rangierraum und Sicherheitsabstand für die Flugzeuge sind die Gates am Langstreckenterminal also etwa 90 bis 100 Meter voneinander entfernt. An den Kurzstreckenterminals, wo üblicherweise Boeing 737 und Airbus A320 andocken, reichen 70 Meter von einem Gate zum nächsten. Bei 65 Gebäude-Positionen kann man sich ungefähr ausrechnen, wie weit ein eiliger Passagier durch das Terminal und seine Flugsteige rennen muss, um es noch rechtzeitig ins Flugzeug zu schaffen, das am letzten Gate parkt. So mancher Reisende fällt dann schweißgebadet in seinen Sitz.

Um diesen Stress klein zu halten, werden Fahrsteige installiert, geräuschlos rollende Transportbänder, die einen stehenden Fußgänger auf bis zu 2 Meter/Sekunde beschleunigen. Geht er im Sturmschritt weiter, halbiert er die Zeit, die er ohne diese Beförderungshilfe brauchen würde. Diese Ein-

richtung hat einen weiteren Vorteil: Sie senkt die Minimum Connecting Time für umsteigende Passagiere und macht den Airport interessanter.

Während manche dieser Laufbänder streng genommen nichts anderes sind als Förderbänder wie im Kohlebergbau, haben moderne Fahrsteige eine variable Geschwindigkeit. Betritt man sie, erhöht sich die Fahrgeschwindigkeit der Segmente auf fast das doppelte und sinkt kurz vor dem Verlassen wieder auf das Normaltempo ab. Diese Technik bringt so manchen Benutzer ins Grübeln. Hier ist die Auflösung: Ineinanderkämmende Metallsegmente werden am Anfang der Strecke auseinandergezogen und am Ende wieder zusammengeschoben. Bei einer weiteren Lösung sind die Segmente scherenartig miteinander verbunden, wobei nur jedes zweite mit den Antriebsketten gekoppelt ist. Die Spurweiten werden dann entweder verengt oder aufgeweitet. Eine dritte Methode verwendet Antriebsketten, die in den langsamen Zonen gefaltet laufen und sich in der schnellen Zone strecken. Alles in allem viel Technik, um den Passagier schneller und bequemer zu seinem Gate zu bringen.

Flughäfen, die von vornherein für hohen Passagierumschlag geplant wurden, richten lange Transportbänder ein. Hongkong zum Beispiel bietet die Gelegenheit, zwischendurch umzusteigen, um näher gelegene Gates zu erreichen.

Lounges

Oasen der Ruhe

98

Lounges sind stressfreie Airport-Oasen für Vielflieger, die ihre Zugangsberechtigung durch eine Mindestzahl von Flügen oder Meilen angehäuft haben. Das geht schneller, wenn man Business & First Class bucht. Bequeme Sessel, ein reichhaltiges Angebot an Getränken und Imbissen passend zur Tageszeit, Zeitungen und Periodika. Fernsehen und Internet verkürzen die Wartezeit. Thai Airways bietet zum Beispiel in Bangkok Maniküre und Massage in einem Luxus-Spa mit Jacuzzi. Die Lufthansa bietet ihren Frankfurter First-Class-Passagieren ein eigenes Luxusterminal abseits der großen Check-in-Hallen. Ein ganz privater Check-in, Passkontrolle und Security wird in wenigen Sekunden durchgeführt, und schon befindet man sich in einem stilvollen Ambiente mit Zigarrenlounge, Duschen, Restaurant, oder man schaut bequem von der riesigen Fensterfront auf das hektische Treiben auf dem Vorfeld. 20 Minuten vor Abflug bringt ein Porsche oder Daimler den Fluggast direkt zum Flugzeug. So macht Luxus nur Freude.

Lufthansa Lounge in New York JFK Airport

In der Hoffnung auf Gewinnung neuer Kundschaft bezahlen die Zeitschriftenvertriebe die Airlines dafür, dass sie ihre Produkte auslegen dürfen. Auch Weinvertriebe nutzen die Airline-Lounges gerne zur Präsentation ihrer Sorten.

Sehr sinnvoll sind auch die Ankunftslounges. Nach einem 12-Stunden-Flug landet man zum Beispiel in Heathrow morgens gegen 6:30 Uhr. In der Ankunftslounge bestellt man ein Frühstück, kann duschen oder ein Bad nehmen, liest erfrischt die Tageszeitung und ist um 9 Uhr leistungsfähig im Termin.

Lounges in Bangkok

Fluggastbrücken

99

Der kurze Weg zum Flugzeug

Die letzten Schritte vor dem Abflug führen den Passagier vom Gate über den Flugsteig ins Flugzeug. Der hat sich in den letzten hundert Jahren massiv gewandelt. Kletterte man einst eine Leiter empor, entwickelte man später eine fahrbare Treppe auf einem Anhänger, den man mit einem kleinen Schlepper vor die Türen der Passagierkabine zog. Später wurden die Fahrtreppen mit einem Motor versehen, es gab Treppenfahrer, die das seltsame Gefährt von der obersten Plattform aus ans Flugzeug steuerten. Das ist auf Flughäfen bis heute üblich, falls die Flugzeuge nicht direkt am Terminal andocken können, das mit Fluggastbrücken ausgestattet ist. Diese wurden erstmals 1959 in San Francisco eingeführt.

Fluggastbrücken sind viel mehr als eine überdachte Gangway.

1926 war schon der Einstieg ins Flugzeug ein Abenteuer.

Der freie Blick aufs Vorfeld hat eine psychologische Wirkung. Passagiere, die teils von Ungeduld, teils von Vorfreude auf die Reise, teils von Angst vor dem Flug behaftet sind, befinden sich nicht in einem fensterlosen Tunnel, der in einer Aluminiumröhre endet.

Interface zum Flugzeug

Die Fluggastbrücke ist ein Fahrzeug, auch wenn es an einem Ende fest mit dem Terminal verbunden ist. Sie darf nur von einem ausgebildeten Brückenfahrer bewegt werden und kostet mindestens eine halbe Million Euro.

Heute hat man Teleskopbrücken. Sie können in mehrere Richtungen fahren und sind vertikal und horizontal schwenkbar. Eigens ausgebildete Brückenfahrer des Flughafens bringen sie zentimetergenau an die Flugzeugtür. Ein Gummiwulst verhindert Beschädigungen an der Maschine, ein Balg legt sich von oben über den Einstieg, sodass kein Regen eindringen

kann. Erst wenn der Brückenfahrer angedockt hat, wird die Tür geöffnet. Aber es gibt noch mehr zu erfahren, denn moderne Brücken stecken voller Technik. So können sie klimatisiert sein, um das Flugzeuginnere mit kühler Luft durch die offene Tür zu versorgen. Das macht das bordeigene Hilfsaggregat überflüssig, was wiederum die Umwelt schont. Im Winter können über Heißluftschläuche bestimmte Flugzeugteile entfrostet und vorgewärmt werden. Elektrische Anschlüsse unter der Brücke versorgen das Flugzeug am Boden mit Strom. Damit wird auch ein lärmendes Bodenstromaggregat überflüssig. Am vorderen Ende führt eine Treppe zum Vorfeld hinab, über die Techniker oder Tankwagenfahrer schnell ins Cockpit gelangen können. Neben der Treppe findet man oft eine Rutsche, über die der mitgebrachte Abfall direkt zum Müllwagen entsorgt werden kann.

An Flughäfen, die für die A380 vorbereitet sind, werden drei Brücken pro Gate benötigt.

Anatomie der Flughäfen

Im Grunde sind sie alle gleich

100

Der Ausstattung von Flughäfen sind keine Grenzen gesetzt. Sie wird sich nach der Rolle richten, die ein Airport im Luftverkehrssystem einnimmt. Minimalausstattung wird allerdings immer eine Piste sein, eine Abstellfläche, ein Abfertigungsraum für Passagiere, eine Garage für die Feuerwehr und ein Schuppen

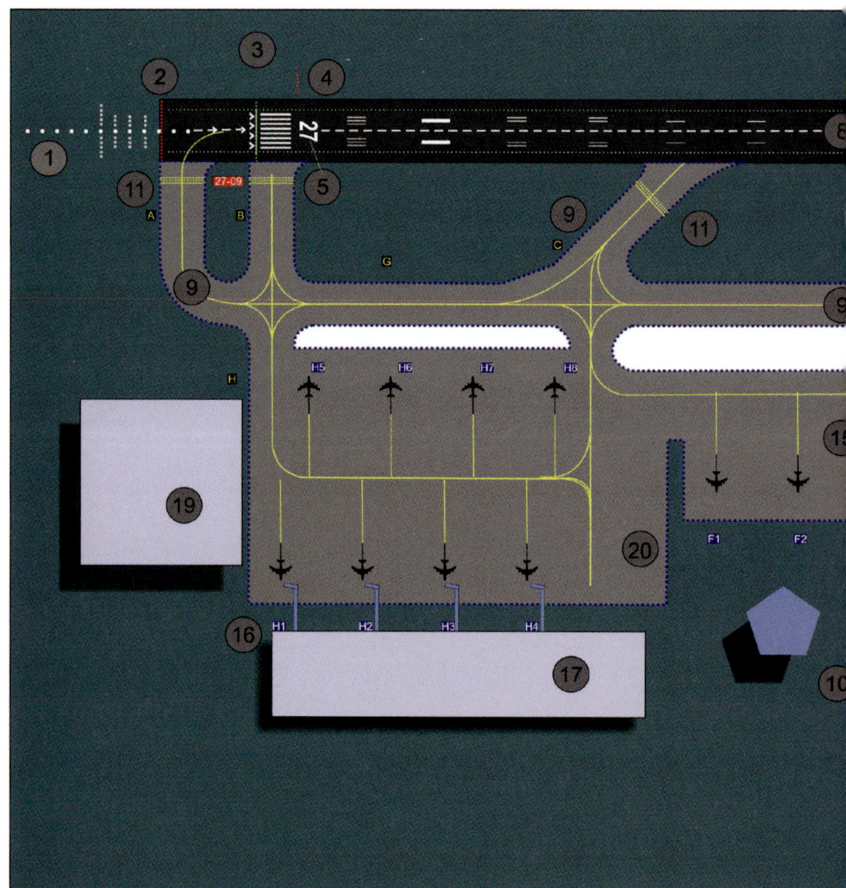

für einfache Reparaturen. Beleuchtung, Tanklager, Instrumentierung sind nicht unbedingt notwendig. In den USA gibt es sogenannte »untowered Airports«, bei denen der Kontrollturm nicht besetzt ist, falls man nicht ganz darauf verzichtet hat. In Südamerika sind viele Pisten unbeleuchtet. Je sparsamer allerdings die Ausstattung ist, desto risikoreicher ist auch die Anfliegbarkeit.

Schema eines Verkehrsflughafens, wie es ihn zu Tausenden auf der ganzen Welt gibt. Einzelheiten sind an den individuellen und örtlichen Bedarf angepasst, aber wesentliche Teile wie Piste, Rollwege, Vorfeld, Kerosintanks und Feuerwehr sind immer vorhanden.

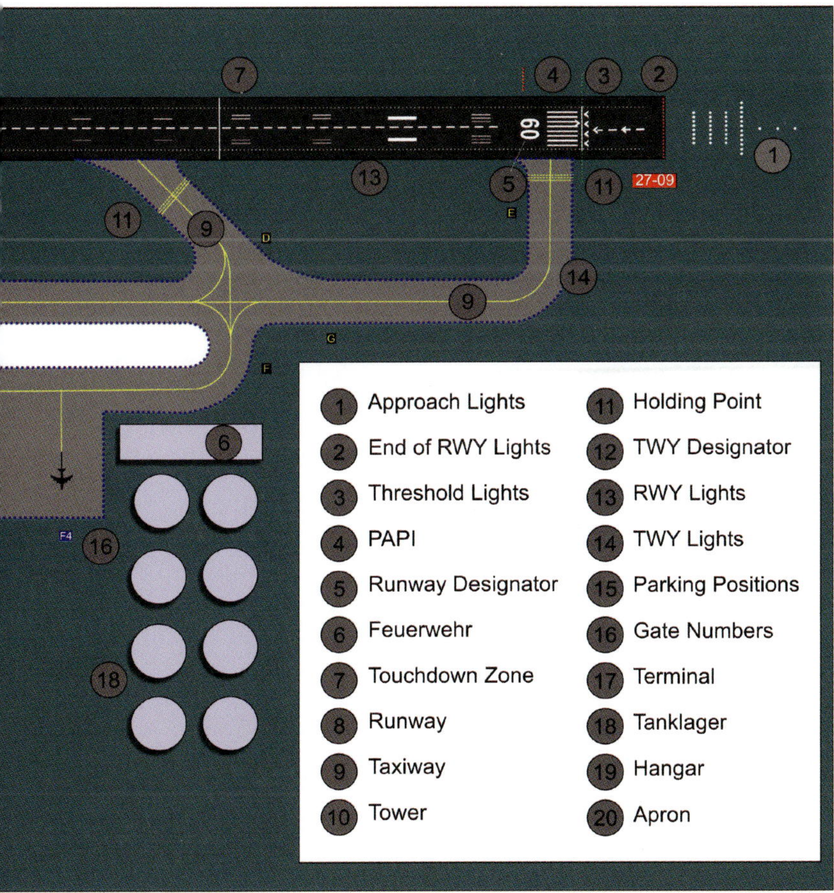

Zukunft der Flughäfen

101

Feudal oder spartanisch

Es sind zwei gegenläufige Trends erkennbar. Der eine geht in Richtung Erlebniswelt, wie in Singapur. Diese Airports laden zum Verweilen ein, Familien machen ihren Sonntagsausflug zum Flughafen, Reisende planen gerne einen Extratag ein. Spitzenrestaurants, edle Läden, Waren, die man sonst nur schwer erhält, Swimmingpools, Palmengärten, Wasserspiele laden zum zeitvergessenen Verweilen ein. Bequeme Sitzgruppen, Schlafsessel, Ladestationen für Handy, Laptop oder Hörgeräte. Alles ist großzügig, angenehm und

strahlt Frische und Sauberkeit aus. Kostenloses, großzügig dimensioniertes WLAN. Airlines betrachten es als Prestigesache, diese Flughäfen anzufliegen.

Dem entgegen stehen Fertighallen, die den Charme eines Abholmarktes ausstrahlen, kaum Sitzmöbel, Fast Food (wenn überhaupt), Snack- und Getränkeautomaten statt Gaststätten oder Bars. Kaum Steckdosen für Ladegeräte, kein kostenloses WLAN. Der Grund mag darin zu suchen sein, dass bestimmte Billigairlines den Flughäfen drohen, die Destination zu streichen, wenn die Gebühren nicht gesenkt werden.

Singapur hat sich offenbar an die Tatsache gewöhnt, dass ihr Flughafen seit Jahrzehnten zum besten Airport der Welt gewählt wird. Vielleicht ist das der Grund, warum er immer schöner und erlebnisreicher wird.

Über den Autor

Andreas Fecker, Hauptmann der Luftwaffe im Ruhestand, geboren 1950 in Konstanz, hat sein ganzes Leben in den Dienst der Flugsicherung gestellt. Als aktiver Tower- und Radarcontroller hat er auf einigen der verkehrsreichsten Militärbasen Europas gearbeitet. Er hat ungezählte Fortbildungslehrgänge besucht und sich zu einem de4r führenden Verfahrensbearbeiter spezialisiert. Als Lehrer hat er am militärischen Ausbildungszentrum für Flugsicherung nicht nur Tower- und Radarlotsen ausgebildet, sondern auch international frequentierte Lehrgänge in der Verfahrensbearbeitung abgehalten. Er setzte in Europa die Anpassung militärischer Anflugkriterien an ICAO-Normen durch und initiierte die Umstellung.

1996 bis 1998 leitete er die NATO-TERPS-Zelle, die für Bosnien-Herzegowina die Instrumentenanflugverfahren berechnet und veröffentlicht hat. Die bosnische Regierung beantragte später beim Verteidigungsministerium seine Entsendung nach Sarajevo, um in der dortigen Luftfahrtbehörde zivile Strukturen aufzubauen.

Nach seiner Versetzung in das Amt für Flugsicherung der Bundeswehr hatte er neben seiner Tätigkeit im Vorschriften- und Lizensierungswesen auch einen Platz bei EUROCONTROL in mehreren Arbeitsgruppen, in denen die Zukunft des europäischen Luftraums geplant wurde. Zwischen 2001 und 2022 erschienen drei Dutzend Bücher in sieben Sprachen von ihm. Seit Juni 2013 hat Fecker eine eigene Luftfahrtkolumne im Flughafenmagazin airportzentrale.de. Einmal wöchentlich erzählt er darin Geschichten aus der Fliegerei und klärt zu Luftfahrtthemen auf. Fecker erhielt 2013 den Hugo-Junkers-Journalistenpreis.

Bildnachweis

Die Bilder im Innenteil stammen vom Autor, außer: 3: Chicago Airport, 5: Markus Fecker, 6: Robert Domandl, 9: Flughafen München, 11: Fraport, 12/13: formulanone, 16, 19: Fraport, 22: gif, 23: nordroden/Shutterstock.com, 26: Kolosov Alexandr/Shutterstock.com, 27: picture-alliance/dpa, 28: Flughafen Stuttgart, 31: Fraport, 34: Ramey Logan, 39: Gabriel Widyna, 40: Fraport, 42: US DoD, 43, 44: All About Signs International BV, Niederlande, 48 unten: STEPHEN J MASON, 49, 50: HEITKAMP Unternehmensgruppe, Herne, 51, 52, 54: Flughafen Köln, 55: DFS, 57: Eurocontrol, 58/59: DFS, 59 oben: Eurocontrol, 61, 62, 63: NATO TERPS, 65: Skyguide, 66: DFS, 67: München Flughafen, 68: Miami Airport, 69: Tromsoe Airport, 70: DFS, 71: Juan Carlos Guerra, 73: DFS, 76/77, 78/79, 79 oben: Denver International Airport, 80/81: Chicago Airport, 83: Nicholas Hartmann, 84/85: Lufthansa, 86/87: Köln-Bonn Airport, 89: Cathay Pacific, 93 oben: FedEx Memphis, 93 unten: Atlanta Airport, 94: Fraport, 95: Vienna Airport, 97: Caterpillar Zürich, 98/99: Fraport, 99 oben: Köln-Bonn Airport, 100: Sebaso, 101 oben: Lufthansa, 101 unten: Fraport, 102/103: Nürnberg Airport, 104, 105 oben und unten: Fraport, 106: Goldhofer, 107 oben: Fraport, 107 unten, 108/109: Goldhofer, 110: Fraport, 111: AirTeamImages, 112 oben: München Airport, 112 unten: Fraport, 113: Oshkosh Airport Products, 114 oben und unten, 114/115: München Airport, 116, 117: Fraport, 118/119: US NTSB, 123 oben: Fraport, 124: Denver International Airport, 126: Dresden Flughafen, 127: Fraport, 128: Symbolbild, 130/131: Köln-Bonn Flughafen, 134: Public Domain, 135: Fraport, 136/137: jetBlue Airlines, 139: Fraport, 140: jetBlue Airlines, 142, 143: Singapore Airport, 144/145: Bangkok Airport, 146 unten: Turkish Airways, 146/147: Bangkok Airport, 147 unten: Fraport, 148/149, 149 oben: Los Angeles World Airports, 150: DTOM, 151: Bangkok Airport, 152: Fraport, 153 oben und unten, 154 unten, 155 oben und unten: BEUMER Group; 156 oben links und rechts: TSA, 156 unten: analogic, 157: Zürich Airport, 160/161: Bangkok Airport, 162: Köln-Bonn Airport, 164/165: Raimond Spekking / CC BY-SA 4.0 (Wikimedia Commons), 165 oben: Bundespolizei, 166: Public Domain, 167: Bundespolizei, 168, 169: Deutscher Zoll, 170: Pixabay, 171: Pavel Kirillov, 172: Bundesministerium des Innern, 174: EU, 176: TSA, 177: Edward Russell, 178/179: Trougnouf Leijurv, 180: Lufthansa, 182: Fraport, 183: Lufthansa; 184/185: Köln-Bonn Airport, 188/189: Singapore Airport.

Impressum

Verantwortlich: Lothar Reiserer
Redaktion & Lektorat: Franka Virteburch
Korrektorat: Ralf J. Klumb | The Wordworms
Layout: BUCHFLINK Rüdiger Wagner
Repro: Cromika
Herstellung: Anna Katavic
Printed in Slovenia by Florjancic

Sind Sie mit diesem Titel zufrieden? Dann würden wir uns über Ihre Weiterempfehlung freuen.
Erzählen Sie es im Freundeskreis, berichten Sie Ihrem Buchhändler oder bewerten Sie bei Ihrem nächsten Onlinekauf. Und wenn Sie Kritik, Korrekturen oder Aktualisierungen haben, freuen wir uns über Ihre Nachricht an GeraMond Media, Postfach 40 02 09, D-80702 München oder per E-Mail an lektorat@verlagshaus.de.

Unser komplettes Programm finden Sie unter 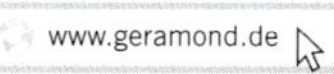

Alle Angaben dieses Werkes wurden vom Autor sorgfältig recherchiert und auf den neuesten Stand gebracht sowie vom Verlag geprüft. Für die Richtigkeit der Angaben kann jedoch keine Haftung übernommen werden, weshalb die Nutzung auf eigene Gefahr erfolgt. Sollte dieses Werk Links auf Webseiten Dritter enthalten, so machen wir uns die Inhalte nicht zu eigen und übernehmen für die Inhalte keine Haftung.

In diesem Buch wird aus Gründen der besseren Lesbarkeit das generische Maskulinum verwendet. Weibliche und anderweitige Geschlechteridentitäten werden dabei ausdrücklich mitgemeint, soweit es für die Aussage erforderlich ist.

Die Deutsche Nationalbibliothek verzeichnet diese Publikation in der Deutschen Nationalbibliografie; detaillierte bibliografische Daten sind im Internet über http://dnb.d-nb.de abrufbar.

Umschlag vorne: Shutterstock/Icemanphotos; hinten: JetBlue Airlines

ISBN: 978-3-96453-364-7